元防衛大学校教授
西村繁樹

三島由紀夫と最後に会った青年将校

並木書房

はじめに

私は防衛庁（現在の防衛省）内局勤務中、上司の岡崎久彦参事官（のちの駐タイ大使、故人）から「君は『三島由紀夫と最後に会った男（自衛官）』だそうだな」と問われた。自決の約一か月前の昭和四五（一九七〇）年一〇月一八日、私は三島由紀夫氏と会っている。三島氏は四五歳、私は二三歳で、任官したての「青年将校」であった。

本書を執筆するまで、誰が岡崎参事官にその事実を告げたのかわからなかったが、関連資料の中からそれが誰であるかわかった。作家・中村彰彦氏の著書『三島事件もう一人の主役―烈士と呼ばれた森田必勝』にその手がかりがあった。三島氏は市ケ谷の東部方面総監室で森田必勝氏とともに自決するが、その本には事件直後の総監室の描写のあとに人物描写が続く。この人物の名前を見て私は大いに驚いた。その描写は次のようなものである。

時に午後零時二十分ごろのこと。一歩遅れて警視庁から急行してきた佐々淳行警備課長（注：正確には警務部参事官兼人事第一課長）は、のちに回想することになる。

「現場についたとき、すべては終っていた。首胴、ところを異にする遺体と対面しようと総監室に入ったとき、足元の絨毯がジュクッと音を立てた。見ると血の海。赤絨毯だから見分けがつかなかったのだ。今もあの不気味な感触は覚えている」（月刊誌『諸君！』「そのとき、私は……」平成一一年一二月号）

この『諸君！』からの引用記事を読んだとたん、はっきりわかった。岡崎参事官に私の名前を教えたのは、佐々淳行《さっさあつゆき》氏（故人）に違いない。というのも、昭和五三（一九七八）年夏、岡崎氏は親友であった佐々氏に一年遅れて防衛庁国際関係担当参事官として着任したのである。私は同年三月、国際室に着任していた。

私は、佐々氏が「あさま山荘事件」の英雄であったので、そちらにばかり気を取られ、三島事件と関係があるとはまったく気がつかなかった。しかし、佐々氏は警務部参事官の前職は警視庁警備第一課長であり、三島氏とは家族ぐるみの親しい友人であった。事件当日、土田國保《くにやす》警備部長から「君は親しいのだろう。すぐ行って説得してやめさせろ」という指示を受けて現場へ駆けつけたのだ。

佐々氏は仕事の関係で、私が自衛隊の中で最も若い「三島事件」の関係者であることを知っていたのだろう。そんな事情も知らない私は、佐々氏が「西村ちゃん」と親しく声をかけてくれるのは親友の岡崎氏にかわいがられている部下だからだとばかり思っていた。

「あさま山荘事件の英雄」という思い込みと岡崎氏が情報勤務者らしく情報の出所を秘匿したので情報提供者が佐々氏だと見当がつかなかったのである。

ところで、厳密にいうと私は三島氏と最後に会った自衛官ではなかった。資料を調べていくうちに、私のあとでお別れの意味で、山本舜勝《きよかつ》陸将補（当時）と菊地勝夫《かつお》一尉（当時）に三島氏は会っている。ただし、一〇歳以上も離れた二人との年齢差を考慮し、最後に会った「青年将校」と自任させていただく。

とはいえ、私の場合、三島氏から、世話になったとお礼を言われるほど数多い付き合いはしていない。最後に会ったときの会食もお礼の意味という雰囲気ではなかった。だから山本氏や菊地氏と同等の意味で「最後に会った自衛官」に並べられないのである。私が試行錯誤しながら三島氏に接近していた思いを三島氏の霊にぶつけたのが、第六章の「ビッグ・イフ！（もしも、あのとき！）」である。山本氏も菊地氏もすでに鬼籍《きせき》に入られた。私は自衛官最後の語り部となったのかもしれない。

なお、三島氏との会合の様子は当時の私の手記から、また三島事件後の自衛隊における隊員の文章は当時の彼らの所感文から引き写したものである。

本書の執筆にあたり、元陸上幕僚長・前偕行社理事長の冨澤暉《とみざわひかる》氏に三島由紀夫氏について数回、貴重な話をうかがった。

また、防衛大学校同期生で、ともに三島由紀夫氏と最後に会った「青年将校」の森川啓二氏からは数々の貴重な意見をいただき大いに助けられた。さらに「解題」を引き受けていただいた。

同じく防大同期生の内田政三《うちたまさぞう》氏にも資料収集で助けられた。

幹部候補生学校同期生で、元「楯の会」二期生の今野茂雄《こんのしげお》氏からは当時の貴重な資料の提供と意見をいただいた。

元「楯の会」一期生の平山芳信《よしのぶ》氏からも個人的な資料と意見をいただいた。

元日本学生同盟委員長（楯の会一期生）の山本之聞《しもん》氏には数回にわたるインタビューに応じていただき当時の話をうかがった。

三島由紀夫研究会事務局長の菅谷誠一郎氏からも資料の提供をいただいた。

ほかにも書ききれない多くの方々の協力で本書はできあがった。衷心より感謝申し上げる。

最後に、この本の出版を快く引き受けていただいた並木書房社長奈須田若仁氏に御礼申し上げる。奈須田氏の先代奈須田敬氏は私が三島由紀夫氏と会っていた頃にお世話になっており、当時の銀座並木通りの社屋でご指導いただいた。先代のお引き合わせに感謝したい。

令和元年一〇月

（以下、本文中の登場人物の敬称略す）

目次

［三島由紀夫氏略歴］

大正一四（一九二五）年一月一四日、東京生まれ。（本名、平岡公威）

昭和二二（一九四七）年、東京帝国大学法学部法学科卒業。

昭和二四（一九四九）年、書下ろし長編小説『仮面の告白』を発表し作家的地位を確立。

昭和三一（一九五六）年、『金閣寺』により読売文学賞を受賞。

昭和四二（一九六七）年四月一三日〜五月二七日、単身で自衛隊体験入隊。

昭和四三（一九六八）年一〇月五日、民間防衛組織「楯の会」創設。

昭和四五（一九七〇）年一一月二五日、陸上自衛隊市ヶ谷駐屯地にて割腹自決。

著書に『豊穣の海』『沈める滝』『鏡子の家』『鹿鳴館』『サド侯爵夫人』など多数。

［三島氏と筆者の面談・交流］

昭和四三年七月、防大四学年の西村学生、滝ヶ原分屯地で初めて三島氏と面談。

昭和四三年一一月二〇日、三島氏の防大講演会後、校長応接室で二回目の面談。

昭和四五年三月二日、ＢＯＣ（幹部初級課程）入校中、滝ヶ原分屯地で体験入隊中の三島氏と面談。

同年三月二四日、同分屯地にて三尉任官を三島氏に報告。村上一郎著『北一輝論』を恵贈される。

同年四月一一日、三島邸に招待され、三島・森田両氏と食事。

同年五月と六月に三島氏に電話するも次回の面会は叶わず。八月下旬、三島氏に軍民会合（討論会）の参加を訴える手紙を送る。

同年九月二三日、三たび電話。三島氏から「直接会って話をしよう」「制服は脱いで来るように」と言われる。

同年一〇月一八日、決起直前の三島・森田両氏と東銀座の鍋料理屋で面談。

第一章　三島のクーデター論

自衛隊若手幹部に「クーデター」の働きかけ

三島由紀夫は、昭和四二（一九六七）年四月一三日(※)〜五月二七日の間、久留米の前川原駐屯地（陸上自衛隊幹部候補生学校）を皮切りに、滝ケ原分屯地（現駐屯地、陸自普通科教導連隊）、富士駐屯地（富士学校）、「いったん帰郷して」、五月一三日〜一八日に習志野駐屯地（第一空挺団）、最後に五月一九日〜二七日まで北海道の東千歳駐屯地（第七師団）にいずれも単身で自衛隊に体験入隊した。合計四五日間であった。

（※）三島の幹部候補生学校体験入隊の開始日は村松剛も安藤武も、四月一二日からとしている（村松剛『三島由紀夫の世界』、安藤武『三島由紀夫の生涯』および『三島由紀夫「日録」』）。今回、幹部候補生学校に問い合わせたら学校に残されている記録は一日遅い一三日からということであったのでこれを採用した。思うに三島は一二日に学校に到着し翌日正式の体験入隊となったのであろう。

体験入隊から事件を読み解くキーワードは、三島の「クーデター論」である。彼は行く先々で自衛隊若手幹部（ここでは主に一尉クラス）にクーデターを働きかけている。私は、三島が「憲法改正」を叫んで市ケ谷台上で自衛隊を蘇らせる諌死《かんし》の割腹自決を遂げたことから、彼が自衛隊の若手幹部に接触して「クーデター」を打診していた当初から、「憲法改正のためのクーデター」を考えていたのだと決めてかかっていた。しかし、これははなはだしい思い込みだと気づいた。

クーデターを論じるなら、三島は当然その目的を明確にしなければならない。仮にその目的が憲法改正であったとしても、その内容を明らかにすべきであった。ところが三島は単にスローガンとしてクーデターを掲げただけであった。これでは自衛官を巻き込むには、あまりにも理由が軽すぎた。

三島のクーデターの目的については、本書の中で順次明らかにしたいと思う。三島が自衛隊若手幹部に積極的にクーデターを働きかけたのは、体験入隊前から熱心に情勢判断（自衛隊の教範用語では「状況判断」）を行ない、切迫した危機感をいだいていたからである。

三島が最も信頼した民族派雑誌『論争ジャーナル』の副編集長で、個人的に深いつながりのあった持丸博（早稲田大学、日本学生同盟〔日学同〕創設メンバー）は、体験入隊前の昭和四二年初頭から毎週のように三島に呼ばれ、意見交換をしていた。その持丸によれば、

昭和四二年（一九六七）になってからも、三島先生の基本的な状況認識は、このままの状態が続けば日本は七〇年の安保改定時を乗り切ることはできないだろうということでした。これはわれわれも全く同じ考えでした。

（中略）

昭和四二、三年の日本は七〇年安保前夜ということで、確かに緊迫した時代でした。過激派学生の行動は日増しにエスカレートする中で、警察力に代わり自衛隊の出動があるかもしれないということがかなり現実味を持って語られていました。（持丸博、佐藤松男『証言 三島由紀夫・福田恆存――たった一度の対決』文藝春秋）

三島は持丸と二人で詰めた「情勢判断」にもとづき、自衛隊の若手幹部、それもエリートたちにクーデターへの参加を繰り返し働きかけたのである。しかし、クーデターへの働きかけは、そのつど失敗した。その理由は何か？　私はインタビューと資料で洗いなおした。

本稿では、この三島由紀夫の「情勢判断」について、三島を自衛隊に紹介し、長期体験入隊を可能にした藤原岩市《いわいち》の女婿・冨澤暉（元陸上幕僚長）と、富士学校での体験入隊で「対番《たいばん》（世話係）」を務めた菊地勝夫（元少年工科学校長）、菊地勝夫の親友の岩田貞幸《さだゆき》（元第一三師団長）の証言をもとに迫る。彼らはいずれも防大四期生の逸材である。

単純で初歩的な三島のクーデター論

三島のクーデターへの働きかけは、自衛隊に体験入隊した一九六七（昭和四二）年四月から始まる。

三島を初めて富士学校と調査学校（現在の情報学校）に案内したのは、冨澤の義父・藤原岩市である。藤原は大戦中、特務機関「F機関」を組織し、戦後は陸上自衛隊調査学校長を務めた情報宣伝戦のプロである。富士学校訪問の際には、「若手自衛隊幹部の生活ぶりも見せましょう」と、藤原は女婿の冨澤の借家に三島を案内した（一九六七年四月中旬または下旬）。三島との出会いから数日後、冨澤は同期生五人ほどを集めて三島と会食の機会をもった。そのとき三島は「クーデター」の話を持ち出したという。

幸い筆者は冨澤の後輩で現在も偕行社（元幹部自衛官と旧陸軍将校の会）で世話になってい

る関係で、新たに数回話を聞く機会を得た。その結果、今まで浮かび上がってこなかった実に重要な問題が明らかになった。

冨澤が新たに掘り起こした記憶によれば、三島のクーデター論が居合わせた者みんなに受け入れられなかったのは、三島のクーデターに対する考え方があきれるほど単純にして、初歩的な域を出ていなかったためである。以下、冨澤の証言である。


六〇年安保では警察力が足りず、岸信介首相が自衛隊を出すしかないと思ったが、赤城宗徳《むねのり》防衛庁長官および杉田一次《いちじ》陸上幕僚長の反対により自衛隊の出動は見送られた。警察はこの後大幅に増強されていく。自衛隊はこのことを知らされず、治安出動訓練を視野に入れて七〇年安保へと進んでいく（注：実際に治安出動訓練が開始されたのは一九六七（昭和四二）年一一月ごろ）。

自衛隊が警察力の増強を知らずに治安出動を視野に入れていたように、三島も七〇年安保を六〇年安保の感覚で捉えており、警察力では抑えられずに自衛隊が出動するだろうとみていた。

「その時に私たちも一緒にやりたい」

ということを会食の席上明らかにした。

三島は、自衛隊が一挙に全力を使って学生を潰す。それを利用して政治をこちらのものにしよう。学生側が政府をつぶそうとかかったとき、逆に自衛隊がクーデターを起こそう。そんな感じのことを言った。

筆者が、自民党政権が学生の手によって倒されることを救うというような大義名分がなければ、自衛隊が「学生を潰す」ことはできないのではないか、と尋ねると、富澤は次のように答えた。

まったくその通りである。三島はその辺の道筋が細かくなかった。（警察と自衛隊の関係、治安出動の目的や手順を）行政的に詰めていなかった。だから、われわれがその話を聞いたときに「とてもじゃないが、そんな話にはついていけない」と感じた。

三島が言うには、学生が暴れだしたときに行政ではどうしようもできないので、軍事がつぶしに行くでしょう。そして軍事がつぶしたときには、当然のようにして今の東南アジアの某国と同じように、つぶした親玉が政権をとらなければいけないでしょう、という感じだった。そこのところは、東南アジアの某国とは違っていて、必ずしもあの当時の日本の状況に合っていなかった。

しかも、われわれは防大生（注：防大卒）なんだから、そういう教育を受けていない。しかし、三島は二・二六事件とか東南アジアや中東の国でも最初は治安出動に出たような恰好をして、反勢力をぶっ潰したときに政治家から権力を奪取して自分たちが政権をとってしまう、という非常に単純かつ初歩的な見立てを述べた。それを聞いて、私は三島に言った。

「そんな非合法なことはやりません」

三島の話の詰めには現実性がなく、ありえないことであり、感心する余地がまったくなかった。昔のように承詔必謹（上官の命は朕が命と心得よ）の訓練を受けているわけではない。旧軍時代であれば、将校なら誰でも弾薬庫を開けられた。今は幹部自衛官でも勝手に武器庫を開けられないということは誰でもよくわかっている。そんな自衛隊が仮に治安出動に出されたとしても、あくまでもそれは政治家の命令で、しかもすごく権限が狭められていて、武器使用の基準は非常に厳しい。

三島はその認識が幼稚というか無知であった。三島は弾薬庫を自由に開放できるとか、二・二六事件の将校と同じことができると考えていたのではないか（注：三島は市ケ谷占拠の計画時でも一度は弾薬庫の占拠を考えた）。

もちろん、本来そんなこと（注：クーデター）をやっちゃあいけないという前提はあるが、三島の話を聞いただけで、これはプランとして成り立たないというほうが大きかった。だから最初から話にならんという感じだった。

当然のことながら、三島のクーデター論に対して、みんな（注：冨澤は自身の職種である機甲科（戦車）幹部だけでなく、特科（砲兵）や一般大卒の幹部もいたことを強調した）が「いやあ、それはないでしょう」と言ったら、三島は利口だから、すぐ「あー、それはそうでしょうね。あなた方はそんなことできっこないですよね」という反応だった。もっと生意気に三島に反論する者もいたけど、三島は「この連中とは倶に天を戴かず」という感じがぱっと顔に出た。私は、これはとても一緒にやっていける相手ではないと思った。三島も私に対して同様の認識を持ったと思った。

筆者は、その会食の席で、三島の「国体観」は出なかったかと尋ねた。冨澤は「三島と世代的な違いがあって、その話題でも話はすれ違った」と語った。

三島が国体観について多少話したと思う。憲法がおかしいという話と天皇を中心とする政体でなければおかしいということをちょっと言ったと思う。しかし、天皇についても、三島とはひと回り世代が違う。われわれも天皇が権限を持っておられたころを多少知っており、小学校時代、教育勅語を毎日聞かされたくちだけれども、あの時代に戻らなければならないという感覚はわれわれにはなかった。槙智雄《まきともお》校長（注：初代防衛大学校長）の教育もあいまいで「軍人たる前に紳士たれ」という言葉はよくわからなかったけれども、天皇中心の国家に再び戻れば素晴らしい時代が来るという感覚はなかった。

三島のクーデター論にもついていけなかったし、三島の講演を聞いたわけでもなかった。三島の本も『英霊の声』くらいしか読んだことがなかったから、そんなに心酔していなかった。

最初、三島はそういう感じだった。それでも三島は、自身のクーデター構想を実行するには二・二六事件のように軍隊の力を借りなければしようがない、軍隊はそういうときこそやるべきだという考えは変えなかったと思う。だから自衛隊の中にも、昭和維新のときと同じように必ずそういうものがいるはずだ。三島は、北一輝のように若手将校を引き連れてクーデターをやりたかったと思う。ダラ幹（ダラけた幹部）はいるが、なかにはそれに反応するグループが出てくるのではないかと期待して、いろいろ接触したのではないか。

私の転属とともに三島とは没交渉となった。三島は私たちに失望したが、なおも同調・共鳴してくれる自衛官を求め続けている。私はそう思っていた。

体験入隊を終えた三島を囲んでAOCの学生が食事会を開いた。左から２人目が菊地勝夫、その隣が三島。このとき「（三島は）富士学校内の売店で買い揃えた一尉の階級章付きの制服姿で現れ、皆を驚かせた」という。（『三島由紀夫と自衛隊』より）

「すべて墓場まで持って行く」

つぎに菊地勝夫と三島由紀夫の関係について述べる。菊地は富士学校普通科幹部上級課程（ＡＯＣ）在学時、三島の「対番」を命じられ、昭和四二年四月下旬、初めて三島に会っている。これは三島が冨澤に会った直後である。菊地は自衛官の中でいちばん三島との付き合いが長い。彼は三島と相互に最も影響を与え合った人物である。

三島自決の当日、菊地は三島からの手紙の多くを焼却している。楯の会一期生の某氏によれば、菊地は三島のクーデターに関する詳しい事情は、すべて墓場まで持って行くと言っていたと証言している。

菊池と三島の二人の関係は、核心部分は隠されているものの、平成一二（二〇〇〇）年一〇月二四日の菊地の講演に垣間見ることができる。講演記録『三島由紀夫と自衛隊―三島は自衛隊で何を学び、何を求めたか？』（三島由紀夫研究会事務局提供）の中からクーデターに関することを抜き書きする。

三島は、クーデターについて、しきりに質問をする。

「今の自衛隊青年幹部はクーデターの意思があるのか？　戦後の防大出身者は何を考えているのか？」

菊地「今の防大出身者でクーデターをやる人間などない。やることがよくない。やることが不可能」「今の日本社会は、昭和の時代に入ってからは一部の人間が事を起こしても変わるようなものでもない。円熟した構造になっている。小銃弾一発持ち出せないような厳しい内規になっている」

三島「自衛隊が対象勢力を打倒して本当の日本をつくる。これが楯の会の役目。自分は一市民として老兵として命を張って戦うつもり」

菊地「共産党の宮本顕治が武装蜂起に踏み切るかどうか？」

三島は、治安出動は不可避であり、これこそがチャンスだと考えていた。かつて吉田首相はストに対して、警備警察（機動隊）で対応して成功した。自衛官の大半は本心で憲法を改正すべきだと思っている。菊地は防大入校時、朝鮮戦争で共産勢力が台頭するような危機の中で戦わなければならないという意識を持っていた。三島からの質問に対しては「変える方がいいけれども、われわれが騒いでもどうにもならない。憲法の解釈に対しては、その時々の国民の叡智にまかせるべき」と答える。

やはり菊地も三島から矢のようにクーデターに関する質問を受けていたのである。そして冨澤と同じような理由でクーデターを拒否している。

「自衛隊がクーデターを起こすことは決してありません」

最後は、岩田貞幸である。岩田の記述は、おおむね杉原裕介・剛介『三島由紀夫と自衛隊――秘められた友情と信頼』（並木書房）からの引用である。この本は、意図的に小説風に仕立ててあり、インタビューを起こした感じがしない。三島の発言に対する判断に誤りがあるのではないかと思われる記述もあるが、三島と自衛隊若手エリート幹部との間のクーデターに関することれほど突っ込んだ記述は、先に述べた三島と冨澤の間のものと同様に数少ないので、少し長いが全文引用する。

岩田は幹部候補生学校（幹候校）をトップで卒業し、滝ケ原の普通科教導連隊に赴任した。

富士の教導連隊で、学生の体験入隊（注：祖国防衛隊のちの楯の会一期生）に関する受け入れ側の一切の世話役は、実質、岩田一尉が行なった（注：一九六八（昭和四三）年三月）。万全の準備を整え、支援を行なうには岩田の力量あってこそ可能なことであった。岩田一尉と接触する過程で、三島は彼を菊地に匹敵する人物と見た。

心を許し合うようになったある日、三島は富士の演習場での訓練のあいまに岩田一尉を薄《すすき》の叢《くさむら》の陰に誘った。菊地にかつて持ちかけたことのある、クーデターの可否を問うものであった。もちろん、岩田にも憲法論議は憲法批判のかたちでして来ており、国際情勢も、国内の政治もその問題点の所在に共通の認識を持つに到っていた。というより三島の指摘する諸般の事項——とりわけ自衛隊を中心に据《す》えてみたことがら——は岩田自身がすでに十分知覚していたことだった。これならクーデターの実行性を彼に打診してみるのもよかろうという判断が三島にあったからである。

クーデターについて岩田はこう語った。「少なくとも防衛大学校で槇智雄校長（初代）の薫陶《くんとう》を受けた者は、クーデターを起こそうなどと考える者は一人もいないと思います。

目的が憲法の改正と政治の刷新、あるいは現憲法下における象徴天皇制を改めるにしても、民主主義に反して暴力でかちとることは許されません。まず第一に、我々は防衛大に入学した日から『政治に関与せず』と宣誓《せんせい》しています。旧軍国主義と軍閥《ぐんばつ》政治に対する批判から、我々にそれが要求され、宣誓させられているのです」

「憲法改正は待つよりほかありません」

「これからの日本で、自衛隊がクーデターを起こすことは決してあり得ません」と岩田は答えるのであった。枯れた薄の茎の下には新しい芽が勢いよく伸び出し、春の明るい光を浴びていた。

「この薄のように古くなれば滅び、滅びればまた新しい生命が誕生するのです。今の世は枯れた冬の薄のようなものではありませんか。新しく伸びて行くためには、古くて朽《く》ちたものは取り去ってやるのがよいのです。春の野焼きが良い新草を得るのに役立つではありませんか。岩田一尉、あなたは今日の日本を見て——左翼勢力、彼らも革新を叫び、革命を願っています。しかし、彼らに将来の日本及び日本人を託すことは許せません。考えてみませんか」と三島由紀夫はさらに促《うなが》す調子で岩田の顔をのぞき込む。

「若い世代の幹部自衛官の意識は、旧軍のそれと全く異なっていると思います。五・一五や二・二六をひき起こした旧軍の士官——たしかに讃えるべき一面もあるかと思いますが、あのような挙動は許されないものと皆が考えています」

「皆が？」と三島は問い返した。岩田が本質的に優等生であり、自衛隊の中でエリート中のエリートとして、将来を嘱望《しょくぼう》される人材であることを自意識の中で認めているから、このような優等生的な応答しかしないのかと三島は疑ったのである。

「皆だと思います。少なくとも常識的判断ができるものであろうとなかろうと、小銃弾一発といえども勝手に持ち出すことはできませんし、法的規制と管理が厳しいのです。規律が厳しいとも言えましょう。自衛隊は後進国の軍隊、あるいは旧軍よりはるかに規律正しいのです」

これを聞いて、岩田の考えが、去年、富士学校のＡＯＣに体験入隊した折り、菊地に同じ主旨の問いかけを試みた際の、菊地の回答と全く同じものであることに三島は内心驚いた。岩田は続けて言った。

「たとえ仮に、非合法の手段で武器弾薬を得て、仮にある部隊を動かせたとしましょう。同志を組織することは実際には不可能と断言できますが、仮に政府機関や交通・通信手段を一時占拠したとしても、その成果をもって国体を変えたり、政治の流れを変えること――これがクーデターの目的でしょうが、決してその目的は果たせません。

陣地攻撃をして目標を奪取したとしても、直ちに敵の反撃に備えて、自ら部隊を再編成しなければなりません。その大切な再編成が政治に未熟な自衛官にはできないでしょう。巨大な官僚組織、産業機構を休ませることなく政治権力を掌握できるような日本ではありません。巨大な、円熟した民主主義国家となった現代日本でクーデターばかりでなく、共産主義者の革命も絶対成功しません」

岩田一尉の押し殺した声はズシリと重いものであった。三島はこれを聴いて、失望したのではなかった。前年、菊地から同じ主旨の回答を得たとき——菊地の述懐では、三島は非常な熱心さで聞いてくれたと言っている——聴き終わって「よーくわかりました。それで安心しました」と三島由紀夫が言った。このことを菊地は今も強く印象づけられている。

ただし、三島は外へ向けては（マスコミに対しては）、憲法改正やクーデターに関して「これぞと信頼するにたる自衛官からさえ、呼応する声が上がらなかった。若い幹部らは皆が皆腰抜けばかりだ。情けない」と嘆いて見せている。

揺れる三島の「クーデター論」

この『三島由紀夫と自衛隊』の元本にあたる『菊は咲くか』（私家版、平成九年）の中で、冨澤は次のような異議を唱えている。

「三島はこれに失望したのではなかった（原著者）」という著者の表現に私は同意できない。というのは、当時私自身が三島と話をして、菊地や岩田と同様の回答を出した時、彼が見せた表情は相変わらずの闊達《かったつ》さの中に、何がしかの不満を現していた（私にはそのように見えた）からである。自衛官たちと三島は互いにすれ違って遂《つい》に行動を伴《とも》にしなかった。三島がそれをどう思っていたかはもちろん誰にもわからない。あるいはそんなことは初めから読み切っていたのかも知れぬ。しかしそれを、「多分失望しただろうな」と思うことが私たちの誠実さではないか、と考えるのである。（『三島由紀夫と自衛隊』）

お気づきのことであろうが、このコメントを寄せてより一〇年後の今日、冨澤は私のインタビューに答えて、さらに明瞭に「三島はもう、この連中は『倶に天を戴かず』という感じがぱっと顔に出た」と証言している。失望を通り越しているのである。

これを思えば、三島が外に向けて（マスコミに対して）自衛隊を批判した感想こそ、彼の本心でなかったかとすら思われるのである。杉原の三島評は逆転しているのではないか。

昭和四二（一九六七）年春の冨澤らとの会食から始まり、同年四月以降の菊地との親密な付き合い、そして四三年三月の岩田との突っ込んだ議論によって、三島は最も期待をかけた防大卒の若手幹部三人にクーデターの提案をきっぱりと拒否された。私は、このときの三島の落胆は大きかったと思う。しかし、三島にとってクーデターと憲法改正問題は、体験入隊時ではまだ別々の問題だったようである。後日、三島は無血クーデター(※)により憲法を改正して自衛隊を軍隊にすることを公言する（たとえば後述する昭和四三年一一月二〇日の防衛大学校における講演）。しかしこのころは便宜的にではあれ、自衛隊合憲論の立場に立っていた。

（※）三島の無血クーデター論：治安出動した自衛隊が撤兵条件として憲法改正、自衛隊の国軍化を求めるというもの。

体験入隊を終わった直後、三島は知人の記者、徳岡孝夫のインタビューにこう答えている。

問　憲法九条は、〝戦力の放棄〟を宣言しています。いまの自衛隊は〝戦力なき軍隊〟という言葉のうへのこじつけから発足したと考へる日本人は多いのです。ところが一方では「あらゆる国家は固有の自衛権を持ってゐる」という考へから、自衛隊を合憲と見ようと主張する人も多いのです。あなたのお考へは？　そのお考へは、体験入隊の前とあとで変わりましたか。
三島　私の考へは、体験入隊の前とあととでこの問題に関しては少しも変わってゐません。しかし、いまは、この問題で大議論をする時期ではない。少なくとも私は、今の段階では憲法改正は必要ではないといふ考へに傾いてゐます。といふのは、憲法改正に要する膨大な政治的、社会的なエネルギーの損失を考へるなら、それを別のところに使ふべきだと思うから。(『サンデー毎日』「三島『帰郷兵』に二六の質問」昭和四二年六月一一日号)

このとき三島は明らかに自衛隊違憲論者ではあるけれども、この問題で大議論をする時期ではないという理由から自衛隊合憲論に立っているのである。

さらに進んで同年一一月に福田恆存《つねあり》と議論したとき、三島は自衛隊合憲論に立ってクーデターを否定している。三島由紀夫と福田恆存の「文武両道と死の哲学」(『論争ジャーナル』)という対談記事の中で、福田が「憲法改正のためのクーデター」を持ち出し、三島が法律論からこれを否定するという展開になっているのである。しかし、本心は自衛隊違憲論であるのに便宜主義的に合憲論を説きクーデターを否定する三島の論法は、福田のような歯に衣着せぬ保守の重鎮とまともに渡り合えばあえなく撃沈されてしまう。

『論争ジャーナル』副編集長の持丸によれば、この対談を境に法律論をもってクーデターに反対した三島が、法律にはずぶの素人の福田から法律家の「なりさがり」とからかわれて、素人政治論に脱帽した結果、「政治というものは所詮、すべてが力なのだから、何もジャスティファイするような非常事態法とか、そんなものはあろうがなかろうが、それは力でもってどうにもなるんだ。だいたいクーデターそのものがそういうものなのだからと」「三島先生があとでそう言っていたのを、実際に私は聞いていますと」と述べている。（前掲書『証言三島由紀夫・福田恆存―たった一度の対決』）

このあと三島は政治論（力）に転換し、クーデターを肯定するようになるのである。三島が、昭和四二（一九六七）年の四月から五月にかけて、自衛隊に体験入隊し、冨澤らとクーデターを議論していたことは争えないので、冨澤、菊池に相手にされなかったことも働いてか、三島はこの年一一月まで軸が定まらず立ち位置が振れていたのかもしれない。

しかし、そう仮定しても、同年一一月に福田との議論に負けて自衛隊違憲論と憲法改正論へと明確に変化した。そしてクーデター路線を疾走することになるのである。その再スタートは昭和四三（一九六八）年三月に「楯の会」（当時は前身の「祖国防衛隊」）一期生の受け入れ準備を行なった際の岩田との会話に表れている。

第二章　山本一佐と三島の複雑な関係

三島の祖国防衛隊構想と治安出動

ここで、三島が創設した「楯の会」について触れる順番が来た。楯の会は、その前身である祖国防衛隊の構想から出発した。祖国防衛隊は長期の民間防衛（民防）を志向したものであった。しかし、当初から表には出ない裏の目的が潜在していた。それは先に述べた全共闘の闘争の盛り上がりと、これに対する自衛隊の治安出動への三島自らの策応であった。（前項、冨澤暉のインタビュー参照）

自衛隊側で、民防と治安出動時の行動双方の受け皿となったのは、調査学校情報教育課長の山本舜勝一佐であった。山本は元調査学校長の藤原岩市（その後第一師団長、冨澤の義父）から三島を紹介され、民防教育担当の要請を受けた。

昭和四二（一九六七）年の暮れ、山本は同僚から渡された『祖国防衛隊はなぜ必要か？』というタイトルのパンフレットで三島の祖国防衛隊構想を知った。このパンフレットは三島の手によるもので、日本に民間防衛組織を築こうとするものであった。この構想は基幹産業の企業構成員一万人規模の民間防衛組織と、その幹部となる民間将校団百人の養成を目指していた。

三島と同様、当時の国内政治情勢を憂慮していた山本は、このパンフレットに接し自衛隊の治安出動に際し一緒にやれるかもしれないという期待感を強く持った。というのも、昭和四二年一〇月および一一月の第一次・第二次羽田闘争を見て、自衛隊も一一月ごろ治安出動に対する重い腰を上げたからであった。（山本舜勝『三島由紀夫・憂悶の祖国防衛賦』）

山本はこのあとすぐに三島に会うが、会う前から治安出動に際し、自衛隊が祖国防衛隊と一緒に行動できることに期待をいだいていた。これは三島と山本の民防と治安出動時の共同行動、すなわち私のいう表の目的（祖国防衛隊構想）と裏の目的（自衛隊の治安出動への策応）の共有である。しかし、民防が表に出、治安出動時の共同行動は一般に気づかれることはなかった。にもかかわらず祖国防衛隊構想は壊れた。その原因は日本経済団体連合会（日経連）の桜田武常任理事に反対され潰されたというのが通説である。

すなわち正確な時期は不明であるが、昭和四三年春頃、三島が財界に支援を求めたところ、日経連の桜田武常任理事から「君、私兵なぞつくってはいかんよ」と反対され、三百万円の捨て金を投げられたというのである。三島はこの一件をもって、財政支援を外部に頼ることをやめ、一切の費用を自分の印税で賄うことにしたという。しかしこれには異説がある。三島が三輪良雄へ仲介を依頼した結果、桜田はむしろ理解者となったという。（鈴木宏三『三島由紀夫　幻の皇居突入計画』）

どちらが正しいか決め手となる資料がなくわからない。しかし結局、一万人規模の民間防衛組織「祖国防衛隊」は実現されず、その幹部となる民間将校団百人の養成だけが実現した。なぜそうなったのか、以下は私の推論である。

基幹産業の企業構成員一万人規模の民間防衛組織と、その幹部となる民間将校団百人の養成という三島の祖国防衛隊構想は、親友の村松剛ですら三島の説明を聞き、「一介の文士にそんなことができるものだろうかと、ぼくは気のとおくなるような思いできいていた」（村松剛『三島由紀夫の世界』）といわせるほど構想の規模が大きすぎた。桜田武の捨て金の話が真実であろうがなかろうが、またその後の話がどう変わろうが、基幹産業の企業構成員一万人規模のみならず、政府、マスメディア、国民世論を動員しなければならない民間防衛組織という構想は三島の手に余るものであったと思う。

一万人規模の民間防衛組織は立ち上がらなかったが、民間将校団百人の養成は可能であった。そして昭和四二年一二月、伊澤甲子麿《きねまろ》の忠告もあり、三島はこの資金を印税から支払う決心をした。(注：私が三島事件直前に三島本人から聞いた話では二千万円の私財を投じたという)

こうして民防の基幹要員（民間将校団）百人だけの養成に絞った「楯の会」が船出するのである。

「楯の会」と呼ばれるようになるのは二期生の訓練が終わったあとの昭和四三（一九六八）年一〇月五日、虎ノ門教育会館でマスコミ発表し正式に発足してからである。それまでは組織名は部外に明らかにされないまま、学生の第一回自衛隊体験入隊が昭和四三年三月一日～同月三〇日、第二回体験入隊が同年七月二五日～八月二三日に行なわれた。

楯の会の「三原則」は、遅れて昭和四四年三月に制定された。

1、軍人精神の涵養

2、軍事知識の錬磨

3、軍事技術の体得

楯の会は爾後、解散までこの原則の下で行動した。自衛隊への体験入隊は計五回（最終回は昭和四五年三月一日～二八日）実施された。

楯の会の会員になるには一か月にわたる自衛隊への体験入隊を経なければならなかった。その訓練内容は、体力検定（入隊時と終了時）、基本教練（「気をつけ」「やすめ」から歩き方など）、銃剣道、小銃の分解・結合（慣れたら暗闇の中で実施）、実弾射撃（これは内局の反対があったため、現場で助教が「射撃訓練を展示」するので、会員はたまたま銃を借りて撃つというかたちをとった。楯の会一期生〜五期生まで実施）、戦闘訓練（自衛官と同様に泥の中を匍匐前進など）、レンジャー訓練（コンパスひとつで目的地にたどり着く夜間コンパス行進など）、最後は三五キロ行軍のあとの陣地攻撃などである。

楯の会二期生の今野茂雄（後述）がインタビューで体験入隊の訓練を振り返る。

「あれはかなり濃密だったと思いますよ。プロになってもあれだけのことはなかなかやらない。凝縮したエキスみたいなものと言ったらいいでしょうか」（鈴木亜繪美著、田村司監修『火群のゆくえ』）

離隊の際には会員たちは教官助教と号泣して別れたという。

体験入隊を無事終了すると晴れて楯の会会員となり、制服など一式を支給され、月一回、制服姿で例会に出席する。のちに技量維持のためリフレッシャー訓練が課せられた。

山本の情報訓練にかける三島の意気込み

山本一佐による楯の会の情報訓練について触れる。この訓練は昭和四三年五月四日午後に、郊外にある旅館の二階を使った講義で始まった。講義の初めは対ゲリラ戦略からであった。それは、山本が用意した次のような講義内容であった。

まず、日本に対する間接侵略はゲリラ戦であると山本は定義した。これに対するわが方の対応が対ゲリラ戦である。対ゲリラ戦を基本とする戦略が治安出動である。山本はそのように関連づけて対ゲリラ戦略の基礎概念を半日かけて講義した。

それ以降もこうした教育訓練は回を重ね、日々の予定で埋め尽くされていた三島の手帳は、山本の都合に合わせてたびたび書き換えられた。この訓練にかける三島の熱意は激しく、自ら郊外や都心の旅館、ときには知人の家や劇場などを手配して教室を確保し、その他一切の費用を三島が負担した。（『三島由紀夫・憂悶の祖国防衛賦』）

注意すべきは、山本が間接侵略に対応するのは治安出動であり、その尖兵が祖国防衛隊（のちの楯の会）の役割であると初めから三島らに教えたことである。当然、三島も楯の会会員も同じことを口にするようになる。山本が最初からこういう教え方をしたのは、前述したように山本が祖国防衛隊構想を最初に目にしたとき、自衛隊の治安出動に際し一緒にやれるかもしれないという期待感を強く持ったからであろう。

冨沢や菊池など若手幹部自衛官に「クーデター」を働きかけていた時点では、三島は治安出動に関する詳しい内容まで知らなかったはずであり、山本の教育によって、対ゲリラ戦、さらには治安出動を、資料や口頭で学ぶことができるようになった。山本は長期の民防教育の一環として教えたつもりであったかもしれないが、七〇年安保を前に三島の受け取り方は違ったのではなかろうか。

山本の情報訓練にかける三島の熱意が非常に高まっていったことからみて、三島は治安出動の先駆け（呼び水）となるという強い決意をこのころから固めていったと思われる。

楯の会の情報訓練は座学にとどまらず、実地訓練も行なわれた。すなわち変装しての街頭での訓練から、要員相互の連絡と監視、尾行と対尾行など、本格的な訓練を行なっている。

その後、六月上旬の土曜（おそらく八日）には総合演習として、新宿（繁華街、駅ターミナル）―六本木（外国公館など）―山谷のドヤ街（不穏分子の潜入工作）で仕上げの実地訓練を行なった。

演習終了後、反省会の宴席で三島は、

「こんなすごい経験は初めてです。本当に感動しました！」

三島は何度もそう繰り返した。そして、酒に酔った。(『三島由紀夫・憂悶の祖国防衛賦』)
のちには新宿付近の変電所、ガスタンク、浄水場などの都市インフラの候察(偵察)訓練が行なわれたが、山本の情報訓練は三島にとって極めて刺激が強く、三島を過度の興奮状態においてしまった。

私は不思議に思って、かつて中央調査隊(現在の中央情報保全隊)にいたある同期生に、このような情報訓練によって、人は過度の興奮状態に陥るものか尋ねた。彼は「そんなことはない、情報活動はものすごく地味だ。そんな高度なこと(極めて刺激が強い教育)はできないと思う」と答えた。とすれば三島の興奮状態は、彼のガラス細工のように繊細な神経に作用しての個人的なものだったということになるが、山本も三島の繊細さを認めている。老練な情報将校山本のマジックが繊細な三島に作用したことは山本の著書から読み取ることができる。山本の情報訓練はのちに自衛隊の内部からも、前述の三島と深いつながりのあった持丸からも非難を浴びることになる。ただ、それは三島の自決以後のことである。

反革命宣言——三島の「戦略転換」

昭和四三(一九六八)年一〇月二一日、山本の指導で新宿駅において楯の会の情報収集活動が行なわれた。三島は「サンデー毎日」の記者として新宿を取材した。（『三島由紀夫の生涯』）

全学連が駅に乱入し、電車は止まり、そのうえ放火された。その深夜、ついに騒擾罪《そうじょうざい》が適用された。この状況を見て、三島は翌年の「一〇・二一国際反戦デー」は警察では制圧できず、自衛隊の治安出動があるのではないかと予測し、期待した。

じつはこの日、左翼学生のターゲットであった六本木の防衛庁にも、新左翼系の社学同が突入しようとして阻止された。翌日、機動隊の猛烈な放水をものともせず正門を突破し、構内に社学同の旗を立てた。防衛庁で定点監視を命じられていた今野は挫折感のみを感じたという。

ところが、三島の期待とは裏腹に、山本の判断は、「決定的破壊が起こらなかった以上、社会の秩序は崩壊することはない。この状況で治安出動はあり得ない」として、三島に「楯の会」の情報収集活動の中止を進言した。三島は山本から顔をそむけると楯の会会員に国立劇場へ移動するよう命じた。

山本はその後、依然として治安出動を考慮しながら長期民防構想を重視するという二重路線をとる。同時に三島を長期民防構想へ引き戻す自信を十分持っていた。つまり山本はマッチポンプの役割を演じることになる。

山本による情報訓練は続いた。一二月下旬に至って、三島瑤子夫人の叔母が経営する常盤軒で講義が行なわれ（『三島由紀夫の生涯』）、その内容は一段と高度化した。山本はゲリラ戦を全体的に理論化して把握できるように構成したものに変えていった。

まず、遊撃戦概説を八時間、さらに図上訓練の遊撃戦闘一般要領八時間、そして最終的に遊撃戦闘要領を八時間。二一日から四日間にわたって、計三二時間の講義を集中的に三島らにたき込んだ（『三島由紀夫・憂悶の祖国防衛賦』）。プロに教育するほどの講義内容と思われる。講義はガリ版刷りの資料と黒板を使って口頭で行なわれ、資料はすべて回収された（楯の会一期生の平山芳信への私のインタビューによる。それゆえ今日、彼はその内容まで覚えていなかった）。

山本は休憩時間に森田必勝が唐突にぶつけてきた異常な質問を紹介している。

「人の殺し方を教えてください。刀をどう使えば、失敗なく人を殺せるのですか？」

「日本で一番悪いやつは誰でしょう？　誰を殺せば日本のためにもっともいいのでしょうか？」（『三島由紀夫・憂悶の祖国防衛賦』）

山本の訓練は森田に火をつけてしまっていたのである。

他方、翌日三島から、お礼の電話があり、学生たちも大いに感銘したと伝えられた。しかし前日、合宿の最後の活発な質疑応答のあと、三島は不思議なことをつぶやいていた。ゲリラ戦の基本概念に疑問を投げかけていたのだ。

「ゲリラとは、弱者の戦術ではないですか」

あとで耳にした山本は、あえて進んでその問いには答えなかったという。そのわけは、男の戦い、道義の戦いを胸に秘めた三島が、弱者の、人を欺くゲリラ戦に疑念を表明するのは自然のように思われたと察したからである。

私は三島のこの疑問は重要であると思う。年明けの二月に三島は長期民防路線から「革命に対する反革命」という「戦略転換」を行なうからである。そして三島は「戦略転換」の主たる手段を「斬り死に」とし、これを少数者の楯の会が大多数の全共闘に対し退くことなく当たっていく「強者の手段」と位置づけるのである。まさにゲリラ戦に対する疑問を持っておればこそ出てくる戦略転換である。「斬り死に」についてはこのあとで詳しく論じる。

むしろ、山本の理解の言葉ができすぎている。山本は三島を長期民防路線へ引き戻す立場にあるのだから、三島にびしっと一言あたえるべきではなかったか。それを三島の疑念を聞いて「自然のように思われた」と見過ごすのは理屈が通らない。実にあいまいな態度である。山本の態度は三島に対する迎合であり、水をかけるべきところ油を注ぐようなものである。

年を越し、山本の情報訓練は継続していた。ところが、二月一九日から二三日まで都内の松月院の本堂で行なわれた地域研究、想定問題＝都市遊撃、座禅修行といった内容の合宿の時期から楯の会の空気が変わり始めたことを山本は感じた。その具体的根拠として、楯の会のイニシアティブが持丸から行動派の森田必勝（後述）がとり始めたことと、三島が山本に「私も含めて一〇人の者に刀を渡すつもりなのです」と言ったことを挙げている。山本もこの時期が三島思想の転換期だったような気がする、と述べている。（『三島由紀夫・憂悶の祖国防衛賦』）

山本の「ような気がする」という種類のあいまいな表現は気になる。ここでもそうだが一人合点をしないで疑問があればなぜその時に三島に確かめなかったのだろうか。確かめないから私はこれを山本の三島に対する意図的なつかず離れずの接し方とみる。彼自身それを認めている。この曖昧さは決起（楯の会最終計画）に対する山本の覚悟について、三島の疑惑と焦燥を生むこととなる。加えて三島は山本との間に重大な状況認識の齟齬をきたしていくのである。

さて、持丸もこの頃を三島の「戦略転換」とみるが、「反革命」という言葉を使っているところから、昭和四四年二月、三島が『論争ジャーナル』に寄稿した「反革命宣言」を意識しているのかもしれない。あるいは三島が、楯の会の設立の目的は、「革命に対する反革命（状況対応のリアクション）としての行動を予定していた」と、民防を主目的とした祖国防衛隊の仮面をかなぐり捨てて言っているのだから、戦略転換の正確な時期を特定することはあまり意味がないのかもしれない。

「反革命宣言」の中で三島は、日本はもうどうにもならない状況に来ている。ここで本当に革命的状況が起きるかもしれない。だから自分たちは反革命のために立ち上がるのだと説く。

三島の「反革命」という戦略転換の目的は、七〇年安保へ向かう大多数の全共闘による革命の騒乱に対し、少数者の楯の会が、彼らを迎え撃つ受け身の行動（リアクション）を起こすことである。この際、少数ながらも退くのではなく積極的に敵に当たる強者の手段である「斬り死に」を選択する。

七〇年安保闘争のただ中へ突入する時期に、三島と山本の行動方針が違ってきてしまった。この違いは情勢判断の差から生じたものだった。山本の手記によれば「敵が見えない」という。これは学生運動の背後の「外国勢力」の介在が不明確だという意味である。（『三島由紀夫・憂悶の祖国防衛賦』）

他方、三島は共産主義者の方法論的、名目的、実質的たるを問わず、彼らの革命のすべてに反対している。したがって三島には、全学連や共産党など、現実に「敵が見えている」のであった。（「反革命宣言」）

行動方針の違いを承知したうえで三島は、なぜ山本を受け入れ続けていたのか？　それは、山本との付き合いを通じて、三島は（クーデターの）最後の可能性にかけていたからである。

（『証言三島由紀夫・福田恆存』）

砕け散った三島の夢

三島の反革命のための手段「斬り死に」とは何か？　三島が常々話していた皇居（天皇）守護の想定について、持丸は次のように述べている。

都内各地で同時多発的に都市ゲリラが発生。特に国会、皇居周辺が騒擾、騒乱的な状況に陥ったとします。騒乱罪が発動されるが、警察力ではそれを制圧することが不可能な状態になった。しかし、時の政府は危機管理能力に欠け、自衛隊に対し治安出動命令を下せない。いわゆる治安の空白状態に陥ります。

このような状況の中で、われわれ十人（注：三島ほか楯の会幹部＝班長）が決死隊としてデモ隊に突入する。そのときの武器は日本刀一本である。十人が真剣をかざして斬り込めば、おそらくデモ隊は一瞬ひるむだろう。暴徒が皇居に向かって押し寄せれば、それをたたっ斬って阻止しよう。しかし、それによって当然相手は傷つきます。何人かの死者が出るかもしれない。その場合は三島以下、腹を切って死ぬ。責任をとって自刃しよう。三島およびそれに続く者がつぎのステップのための布石になるのだと。

つまり三島由紀夫はデモ隊、暴徒を鎮めるため、あるいは暴徒から皇居を守るために斬り死にする。そこで死なななければ自刃する。(※)それによって世論が喚起される、あるいは何かしら世間は動くはずだと。これがなければ、自衛隊の治安出動は不可能だろう。つまり自衛隊の治安出動の呼び水になること(注・ただ一度の行動)によって、憲法改正から国家革新にいたる捨て石になるのだと。それこそが済寧館(注・皇宮警察の武道場)で居合を稽古した一番の目的だったのですね。

この居合の稽古は昭和四三(一九六八)年九月から約一年間続きました(注・持丸によれば、稽古も真剣で行われたという)。(『証言三島由紀夫・福田恆存』)

(※)前述の楯の会一期生の平山芳信は、私のインタビューに対し、一〇人が決死隊として真剣をかざしてデモ隊に突入し斬り込むという想定はなく、皇居を守るため二重橋の上でデモ隊を阻止し斬り死にする、というものであったと述べた。持丸はすでに亡くなったのでどちらが正しいか確かめようがない。したがって、どちらが正しいかの判断は控えたい。

この持丸の証言によって、楯の会が治安出動の尖兵となるということの意味がはっきりした。

楯の会が尖兵となる際、最小限達成すべき目的は皇居への暴徒の乱入を防ぐことである。このため三島を含む一〇人の楯の会幹部をもって、皇居を守護するため二重橋を水際としてデモ隊を阻止、自衛隊の治安出動の呼び水になろうというものであった（皇居防衛のための楯の会の出撃拠点は、楯の会の創立一周年記念に使われた国立劇場となるはずであった。同劇場は皇居から指呼《しこ》の間にあったからである）。

さらに持丸の証言の中に触れられている、その上の達成すべき目的は、憲法改正から国家革新にいたる捨て石になるということである。

憲法改正が治安出動の尖兵となることの目的としてはっきり現れたことは注目に値する。冒頭に述べたように、最初は別々であったクーデターと憲法改正が手段と目的として一体化し、クーデターは治安出動によって達成を期待されることとなったのである。治安出動から憲法改正を実現する方法は、あとで述べる三島の「無血クーデター論」である。すなわち治安出動した自衛隊が撤兵条件として憲法改正、自衛隊の国軍化を求めるというものだ。

なぜ憲法改正が必要なのかという三島の考えは、『裁判記録「三島由紀夫事件」』における村松剛の証言（昭和四六年一一月一日、第一一回公判）を引いて代弁してもらう。

彼（三島）は現在の社会、道徳の腐敗の根源は憲法にあると言っていた。元首がなく、防衛力を禁止する―実行できない法律ほど人間を偽善的にするものはない。この憲法はヤミ取引を取締った法律と酷似しているとも言った。そこに道徳を復活できない理由があり、道徳を回復するためには憲法の改正が必要なのだ――と言っていた。

国家革新という強い言葉は持丸のはずみで出た言葉ではないか。順次明らかにするが、三島にあっては、天皇は元首として仰ぐ存在ではあってもあくまで文化概念としての天皇であり政治概念ではない。また軍隊との関係も軍旗を授与し栄誉を与える権限を持つにとどまる。それを国家革新というのであれば言葉の好みの問題であろう。ただ、それ以上の大規模で具体的な目的のクーデター計画があったという資料はない。おそらく持丸の言葉は捨て石になることに賭ける彼の気概を表した言葉であろう。

これで「斬り死に」の意味がはっきりわかった。

そのため、楯の会本来の目的である全員による治安出動の尖兵となる訓練が資料に見つからないのである。それは、三島と山本が楯の会にほどこした訓練の主たる方向が、両者でかくも違っていたからであろう。楯の会全員が尖兵となる訓練は、山本の行なった民防訓練(変電所など都市インフラの偵察)と重なるものは別として、たとえば昭和四三年の「一〇・二一国際反戦デー」における山本が楯の会会員に命じた定点監視のほかはなかったといえよう(昭和四四年の「一〇・二一国際反戦デー」でも定点監視は行なわれたようである。しかし山本は命じていない。三島が命じたようだ。彼は最後まで治安出動からクーデターにもっていく計画をあきらめなかったようである。しかし、事前に警備当局から得た情報により、学生のデモは、強化された機動隊に鎮圧されると予想したからか、「楯の会」の中枢にさえ細かい指示も与えず、必ずしも計画の全体像を明らかにしなかった。（山本舜勝『自衛隊「影の部隊」』）

したがって、昭和四四年の「一〇・二一国際反戦デー」に向けての楯の会による治安出動の尖兵となる訓練は、全員によるものではなく、三島が企図した少数による「斬り死に」のための居合の稽古と、それと平行して行なわれたほかの会員も含む空手の稽古ということになる。居合いは真剣の数が限られ一〇人であった。空手は並行して行なわれたと平山が補足説明した。空手は道具がいらないのでほかの会員も参加できたが、その人数は今となってはわからない。どちらの目的も少数者をもって多数のデモ隊に積極的に当たる「強者の選択」であることに変わりはない。

このような訓練を重ねて待つ三島らに情勢は味方しなかった。持丸は続ける。

最後まで私も稽古しましたけれども、結果として想定したような状況にならなかった。つまり昭和四四年一〇・二一国際反戦デーにおいて、デモ隊が機動隊によって制圧され、この斬り死にというシナリオは消えたわけです。さらに翌十一月十六日、最後の決戦と位置付けた佐藤訪米阻止闘争でも、極左勢力は機動隊によって完全に鎮圧され、ここに昭和四十年代から始まった左翼のスケジュール闘争は、警察力の圧倒的優勢さの中で、ほぼ終結したのです。（『証言三島由紀夫・福田恆存』）

昭和四四年の「一〇・二一国際反戦デー」について持丸は言う。「革命的状況の中で、楯の会による反革命行動によって自衛隊の治安出動を促し、一気にクーデターにまで持ち込むという構想はここに完全に挫折しました」（『証言三島由紀夫・福田恆存』）

三島の夢は砕け散った。

持丸はさらに敷衍《ふえん》して三島と山本の最終的な齟齬についてふりかえる。

たしかに三島先生は、いざというその時が来れば、山本氏は楯の会に呼応して一緒に立ち上がってくれると考えていました。もちろん山本氏からもそのように思わせる発言やそぶりがあったことは事実でした。

しかし、問題は「いざという時」とは一体いつなのか、昭和四四年初夏になって、三島先生と山本氏の状況認識には決定的な相違があることが明らかになりました。山本氏の認識は「未だ機は熟していない」、したがって三島先生の計画は「時期尚早」ということでした。このことはこの年の六月、山の上ホテルで山本氏とそのスタッフ数人と共に会食をした折、山本氏からはっきりと伝えられていました（この時「いつ起つのか」と迫る三島に「暴徒が皇居に乱入して天皇が侮辱されたときと、治安出動の際」とはっきり伝えた山本の態度は立派である）。

（中略）

三島先生をあのようなかたち（注：市ケ谷事件）に追い込んだのは、ひとえに山本氏との路線の違い、というより状況認識の差ということです。

新宿騒乱を突破口にした学生運動、新左翼運動による都市騒乱を奇貨として、何らかのかたちで自衛隊の出動をバネに憲法改正まで行う、とする三島先生の描いたシナリオは現実によって否定されました。クーデターを実行するには十分な条件が整っていない、という山本氏の認識を三島先生も共有し、時の至るのを待つということであったならば、その後の経過はだいぶ異なっていたはずです。（『証言三島由紀夫・福田恆存』）

決起がなぜ一一月二五日だったのか

しかし、と持丸は言う。

「檄にもあるように三島先生はこれ以上『待つ』ことはできませんでした」

「やはり三島先生が最後にああいう形をとらざるをえなかったのは、山本氏との決別、別れが最大の理由だと思います」

「それで最後に、三島由紀夫は自衛隊を巻き込んでのクーデターは不可能だと諦めた。となれば、もう自分で憲法に体をぶつけて死ぬほかないだろうと。それが最後のシナリオだったのです。三島先生は山本舜勝を通して、その背後にある自衛隊そのものに絶望した。もっとも自衛隊にはもっと前から失望していたのですが、山本氏との付き合いを通じて、最後の可能性にかけていたのですね」

「状況がいかようであれ、市ケ谷でのあの最後の選択は三島由紀夫一人の強い意志によって起こされたものと思われます」

「三島先生はこの数か月後、一〇・二一の結果をつぶさに見て、あとは自分の思いを遂げる、あるいは世論を喚起するためにはもうこれしかないと考えてあの事件になったものと思われます」（『証言三島由紀夫・福田恆存』）

この持丸の議論は異論を唱えたいところが一か所と、説明不足と思われるところが二か所ある。

まず異論を唱えたいところである。持丸は三島と山本の決別が状況認識の差から出たものであり、路線（行動方針）の違いからではなかったというが、それはいささか物事を一方的に割り切りすぎているのではないかと思う。

持丸が言うのだから少なくとも表面上二人は状況認識の差から離れていったのだろう。しかし三島の反革命路線と山本の長期民防路線との対立は明白である。山本は次のように述べる。

五月ごろ「楯の会」に対する私の指導は絶えることなく続けていたが、彼らはそれとは別に、独自の訓練を行っていた。神田の学生街に近く、三島が関係していた「浪漫劇場」の建物を拠点に展開されたその訓練に、三島の生活時間の大半が当てられていたようであった。

三島は、ともに走るよう私に促しながら、私から離れた行動の場を築きつつあった。

（『自衛隊「影の部隊」』）

山本はこのような路線の違いにいたる兆候は、楯の会発足当時からあったと回顧する。彼は「やがて私の志向する長期的展望に立った民防構想と、三島氏が決意した短期決戦型民防構想へと分岐していくことになってしまうのである」（『三島由紀夫・憂悶の祖国防衛賦』）と述べている。

したがって、事ここにいたる二人の関係は複雑で、いわば路線の違いが状況認識の差を生み、状況認識の差がまた路線の違いを大きくするという具合に、両者はまさにあざなえる縄のごとく絡み合って展開していったのではないか。だから二人の決別は状況認識の差ゆえか路線の違いゆえか、たやすく判断できる問題ではないという気がする。

私は二人の決別の原因として三島と山本との路線の違いも考えに入れてみる必要があると思う。持丸は「時の至るのを待てば」その後の経過はだいぶ異なっていたという。しかし路線の問題が絡んでおれば、三島にとって時の至るのを待っても山本との違いは狭まるよりも広がることさえ考えられる。ならば時の至るのを待つことにどれだけの意義があろうか。そう考えて三島は時の至るのを待たず山本と決別したと考えるほうが論理のおさまりが自然ではなかろうか。

三島は去る六月、山の上ホテルで物別れに終わった「楯の会最終計画案」の討議を、山本に一一月二八日に実施したいと指定してきた。しかし、山本は従来の長期民防路線をわずかに修正した案を持ってきただけであり、三島の反応はうなずくことすらない冷たい反応に終始した。

翌四五（一九七〇）年の新年の祝いに楯の会会員と共に山本も三島邸に招かれた。話が民防の問題に及んだ時、三島が何気なく次のように語った。

「自衛隊に刃を向けることもありうるでしょうね」（『三島由紀夫・憂悶の祖国防衛賦』）

この言葉を聞けば、三島にとって「最終計画案」が長期民防路線ではもちろんなく、クーデターですらなく、まったく異質の決起に転じる可能性が生じたことがわかる。三島が自衛隊に刃を向けるということは後知恵であるが、市ケ谷決起《けっき》を意味していたことになる。一一か月も前には（三島を含め）誰もそのような結末を読めたものがいないのは当然であるにしても、山本は自分が試されているにもかかわらず、この言葉をそれほど奇異に感じはしなかったという。その理由として、民防軍事力が自衛隊正規軍と相まみえることもありうるのであり、三島が「自衛隊に刃を向けることもあり得る」と語ったのであれば、それは自分との共通認識なのである、と述べている。

山本にはじれったくなる。民防に入れ込むあまり友軍相撃《ゆうぐんそうげき》を肯定する愚を犯している。いや、それはここでは大事なことではない。大事なことは三島の言う刃を向けるという文脈には、二人の間に山本が言うような共通認識などないということである。三島は復讐の念から自衛隊と山本に対し刃を向けると言っているのである。

その後、山本は刀を携えて二度自宅へ現れた三島に決起のための翻意を促され、「私を斬ってからにしてください」と三島を制する構えを見せる。しかし本人ものちに白状しているように、この時の山本は気が動転していた。逃げ腰であったといえよう。その結果、ついに二人は袂を分かつことになる。持丸が指摘した決起の黙契はついに破綻することとなった。

さてつぎに、持丸は大事なところで説明が不足していることを指摘したい。

三島が自衛隊に絶望し、憲法に体をぶつけて死ぬほかないと決心しても、まず、なぜ昭和四五年一一月二五日なのかである。そして、なぜ自衛隊へ刃を向けるようなことをしたのかである。

順番に考察しよう。まず、なぜ一一月二五日なのかである。山本との決別という理由ではもう一つよくわからない。

決起がなぜ一一月二五日だったのかについて三島は何も語っていない。しかし三島は日本の再生を求めて自決した。このことはあとで見る檄にも「日本を日本の真姿に戻して」とある。真姿に戻してとある以上、時間をどこまで戻すかを考えると三島の心情から察して昭和天皇が摂政となり新たに歴史と伝統の国、日本が誕生した（大正一〇年）一一月二五日の日付と考える。当然、人間宣言をする以前の天皇はいわゆる神格化された天皇である。

他方、本書で述べる三島の天皇像は、日本の文化と歴史と伝統の中心として位置する文化概念としての天皇である。神格化された天皇とは思えない。三島は神格化の代わりに現代的に天皇を元首とする体制（国体）を日本国家存立の基盤と考えた。

それでは、戦前の神格化された天皇と三島が描く文化概念の天皇は矛盾するのだろうか。

私はそうは思わない。三島は文化概念としての天皇、あえて言えば人間宣言をした天皇であっても、日本の中心であるべきと考えていたと思う。

そのことは順を追って明らかにしていきたい。キーワードは「君君たらずとも、臣臣たらざるべからず(※)」である。ここでの君は昭和天皇であり臣は三島である。人間宣言をした天皇は、三島にとって苦い薬を噛み下すようなものであったかもしれない。

この際、先に書いたように三島の心情からすれば時間を戻せるものなら戻したかったであろう。したがって私は三島の決起の日の一一月二五日を（大正一〇年）一一月二五日の昭和天皇が摂政に即位した日にさかのぼる日としたい。

（※）「君君《きみ》たらずとも、臣臣《しん》たらざるべからず」（『古文孝経』序）

自衛隊に対する三島の絶望

つぎに、なぜ自衛隊へ刃を向けるようなことをしたかである。持丸にはわかり切ったことであったかもしれないが、後世の人間にとってこの説明の欠落は致命傷になりかねない。したがって、持丸の言葉を補いながら、三島の自衛隊に対する最後の心理を分析したい。持丸は次のように続ける。

「したがって、一〇・二一、この日を以て楯の会は本来の意味でその役割を終えたと言うべきです。これ以降、市ケ谷事件にいたるまでの経過は、むしろ『三島由紀夫とその同志』による行動、として考えたほうが実事に即し、かつ分かりやすいと思われます」（『証言三島由紀夫・福田恆存』）

「しかしながらこの新たな事態の変化を受けて、三島先生の考え方は次第に先鋭化し、状況対応型から、自らが状況を作り出す戦略に傾斜していきました。

昭和四四（一九六九）年一〇月二一日、この日から三島由紀夫の新たな戦いが始まったのです」（『証言三島由紀夫・福田恆存』）

昭和四四年一〇月三一日をもって持丸は楯の会を退会する。そのため、楯の会の内部事情についてはそれまでのような正確な証言はできなくなっている。このような事情から、持丸の証言は必要最小限にとどめるが、これまでの三島と自衛隊の関係は次のように整理することができるだろう。

昭和四四年の一〇・二一以降、三島の二回目の戦略転換が行なわれた。治安出動の尖兵となるリアクティブな戦略から、積極的に状況を作り出すアクティブな戦略へ変化した。敵は日本国憲法に象徴される「戦後体制」という抽象的な概念となった（『証言三島由紀夫・福田恆存』）。このような二回目の戦略転換を企図した三島は、目的と手段の再調整を図りつつ、市ケ谷事件へと突き進んでいった。

なぜ市ケ谷自衛隊なのか。持丸の言う日本国憲法に象徴される「戦後体制」という抽象的な概念のうち、「檄」にある、もっとも悪質な欺瞞の下に放置されてきたのが「自衛隊」であった。昭和四四年一〇月二一日、「護憲の軍隊」として認知された自衛隊が、その矛盾を解くのに不作為であったから、三島の新しい敵となったと筆者は考える。

前述したように、この年の正月の集まりで三島が述べた「自衛隊に刃を向けることもありうるでしょうね」は本気だったのである。

なぜ「市ケ谷」だったのか。それは前出の村松剛の法廷証言『裁判記録「三島由紀夫事件」』にあるように、自衛隊が武士の集団だったからである。

三島の立場に立てば、大義のためのクーデターに対して自衛隊は冷たかった。クーデターは軍隊の力を借りなければできるものではない。こういうときにこそ軍隊は立つべきだ。ところが、クーデターの必要性にも可能性にも自衛官はみな冷たかった。その冷たさは三島のガラス細工のように繊細な神経を何度も逆なでした。まず期待をかけた防大出の幹部に受け入れられなかった。そして、一年余にわたって共に行動し、最後の期待をかけた山本は、結局マッチポンプの役割しか果たせなかった。しかも山本は、三島らの「斬り死に」の覚悟を知っていた。そう考えると、持丸の言う「山本と自衛隊に対する三島の絶望」という言葉も納得がいく。

山本は三島に何を教えたのか？

ここで三島の戦略思考と三島の教官である山本について考察したい。

三島は、自身の生まれついての気質と山本の情報教育が相まって、先鋭化していった。その主要因は三島の繊細な気質に加えて、戦略思考が育成できていなかったことがあげられる。

遅くとも昭和四二年四月の体験入隊前から四五年一一月の市ケ谷事件まで、三島は戦略判断を継続的に行なっていたはずである。実際、二度の戦略転換を自ら行なっている。昭和四三年五月から四四年八月までは山本から情報訓練を受けている。ところが、三島の戦略判断を仔細に検討すると、およそほめられた戦略思考に基づいていないことがわかる。
七〇年安保において「反革命路線」を率先して走ったのは三島である。三島は、楯の会の役割を民間防衛からクーデターの尖兵へと切り替え、長期民防訓練とは別に、山本抜きの決起を想定した独自の演習を楯の会に施した。その一方で山本への依存は絶てなかった。昭和四四年の「一〇・二一国際反戦デー」後の三島の先鋭化は持丸も指摘するとおり著しい。問題はこのような三島の戦略判断が、戦略思考の原則に照らして適切であったかどうかの考察である。
三島は山本との最後の対話で、「私はディオニソス（情動の神）ではなく、アポロン（理性の神）ですよ」と言っている。（『三島由紀夫・憂悶の祖国防衛賦』）
これで三島は、情動で動く人間でないと自覚していることがわかる。では理性的な戦略思考とは何かを考えてみたい。これを説明するため、戦略思考の原則について若干解説する。戦略思考には大きく分けて情報重視型と任務重視型の二種類ある。

情報重視型

- 大局的かつ客観的に「情勢（環境）」を見極め、そのうえで、何をなすべきかを導き出し、これに基づき戦略を立案し遂行する（情報重視）。
- 任務達成において、情勢に逆らわずにこれに順応して、柔軟に戦略を変化させ、適合させる。

任務重視型

●「情勢（環境）」が含む不確実性と不透明性を問題視し、「情勢」の見極めをことさら重視しない（情報軽視）。

●たとえ逆境に抗《あらが》ってでも、自ら欲する結果を得ると思われる戦略を立案し遂行する（任務重視）。

●任務達成において、「情勢を自らの行動で欲するように変え得る」という傲慢さをバネとする。

●自らの作戦立案とその遂行能力だけを頼みとする弊害を伴う。

情報重視型と任務重視型の「戦略思考の差異」

●任務達成の成否につながる「安全のマージン（安全性）」の大きさが違う。

●すなわち情報重視型は無理なく情勢に順応する戦略であることから「安全のマージン」が大きい。

●他方、任務重視型は情勢への順応性に欠けるとともに、自分勝手な戦略に陥りやすいことから「安全のマージン」に乏しい。

どちらの戦略思考を採用すべきかといえば、明らかに情報重視型に軍配が上がる。したがって、戦略思考のキーワードは「戦略は情勢（環境）に対応する」であって、「逆境に抗ってでも、自ら欲する結果を得ると思われる戦略を立案し遂行する」ではない。

この戦略思考の原則に照らすと、三島は悲劇的である。彼のガラス細工のように繊細な気質の上に、任務重視型の戦略思考が自己流に積み上げられ、これを監視して三島の思考を修正する教官がいなかったということになる。いや、教官がいなかったわけではない。山本という旧軍以来の情報将校がそばにいた。

その意味で山本の責任は大きい。山本は情勢判断の専門家としては一流であったが、教育者としては問題があった。三島に対し彼の資質を的確にとらえることなく結果的に偏った情報教育を施したからである。

山本は情報将校でありながら、情報重視型の戦略思考を体系的に教えなかった。教えなかったのではなくそのような教育は、調査学校という職種学校の教育範囲外であったろう。他方、昭和四四年六月、山本は三島に「治安出動の可能性なし」とはっきり伝えたと持丸は言う。これは要時要点で行なう機会教育であり継続的な教育ではない。逆に持丸の証言により、三島に情報重視型の戦略思考が身についていなかったことは明らかである。

いったい山本は、三島に何を教えたのか？　山本の著書を読むと、私が述べたような情報重視型の戦略思考を磨く教育はしていない。主として、職種学校に特有の情報戦それも徹底したゲリラ戦・対ゲリラ戦（遊撃戦・対遊撃戦）と調査に関する技術的事項である。そしてこれが三島に対して必要以上の刺激を与え、結果的に三島を先鋭化する要因になったと思われる。

山本は講義の初日からその糸口となる「対ゲリラ戦は治安出動の基本戦略」という刺激的言質を与えた。山本は三島の祖国防衛隊構想を初めて目にしたとき、自衛隊の治安出動に際し一緒にやれるかもしれないという期待感を強く持ったためかもしれない。わずか半日、戦略のさわりを講義しただけと思われる。そして、昭和四三年五月から少なくとも四四年五月（持丸によれば八月）まで、教育訓練のほとんどはゲリラ・対ゲリラ戦闘であり、前述したように三島を過度の興奮状態にさせたのである。

「期待はずれの教官」

ジャーナリストの保田龍治は、警察関係の月刊誌『ＢＡＮ』に連載した「よみがえる三島由紀夫」（平成一八～一九年）の中で、単身で体験入隊した当時の三島を知る元自衛官の証言を紹介している。元自衛官によれば「三島さんは、当初、祖国防衛隊の建設を真剣にじっくり考えていた。自分たちが何かをするというよりも、国防を国民に浸透させるためにどうしたらよいかという発想が先に立っていたと思う」。そして、山本舜勝をはじめ、当時の高級幹部たちへの不信感をあらわにした。

彼らは、なぜ三島さんのような感受性の強い人に「情報訓練」を施したのか。何てことをしてくれたんだという苦々しい気持ちを、私は今でも抑えることができない。ああした訓練は、初めて触れる人にとって極めて刺激が強い。あの訓練が三島さんの精神を追い込んでいったように思えてならない。（『よみがえる三島由紀夫』平成一八年九月号）

三島が自決してから三年後、持丸は、東京・市ヶ谷のある企業の参与となった山本を訪ねた。不意の訪問である。そのとき、持丸の話では、次のような会話があったという。

「山本さん。いい悪いは別にして、三島先生があのような事件を起こしたのは、あなたに刺激されたせいかも知れませんよ」

山本は、顔をあげなかった。

「……寝覚めが悪い。いまは三島さんの霊を慰めながら、俳句三昧の生活をしているよ」

難詰しようと思っていた持丸は、たぶん山本も負い目をもっているのだろうと思って、その場を去った。そこに見たのは、日本陸軍の将校に列《つら》なる弱気な人間性であった。（保坂正康『三島由紀夫と楯の会事件』）

また、山本自身は気づいていなかったと思うが、山本の教官としての資質の問題がある。楯の会への協力を「私的」と割り切ったことに伴うリスクに鈍感だったことだ。彼が「私的」を強調すればするほど、情勢に応じ、自分たち教官が恣意的に動くことも多くなる。「私的」だから安心感が働くのである。かくて、自分の意図を超えて周りに過剰な期待を抱かせることになる。終始、三島が山本にクーデターへの参画を期待したのもそれであろう。

戦略の格言に「戦略には、日々の行動が将来の環境に影響を与えていくという『能動性』がある」というのがある。山本が三島に与えた影響はこのようなものではなかったか。三島はクーデター計画の実行を山本に依拠《いきょ》していたため彼から離れられなかった。山本は自著の中で次のように述べている。

自衛隊の部隊と私達情報勤務者が一体となって、心底からクーデター計画実行に取り組んだとするなら、三島の期待は実現したであろう。
三島はその辺のところをはっきりと理解していた。彼が、私抜きでの決起を想定した演習を独自に進めながら、絶えず私を計画に引き込もうとしていた理由の大半はここにある。（『自衛隊「影の部隊」』）

山本が言うこのクーデター計画は事実の歪曲ないしは誇張であると思う。なぜなら、クーデターに関する山本の記述は、前述した持丸の山本評が参考になるからである。持丸は山本の三島との接し方について次のように述べていた。「もちろん山本氏からもそのように（クーデターに参加するように）思わせる発言やそぶりがあったことは事実でした」。すなわち山本は常に確約はせずそぶりを見せていたのである。そのことは彼自身がわかっている。山本は次のように書いているからである。

「俗な言い方をすれば、私は三島をその気にさせておいて、実行の機会をあたえようとしなかったのかもしれない。私も三島の後ろから梯子を外した口だったのか」（『自衛隊「影の部隊」』）

あいかわらず思わせぶりだが、その通りである。

この山本の主張は不誠実である。山本は三島と共にクーデターを夢想するが、実現できないことを知っていた。前述の防大出の三人の一尉のような誠実さはない。さらに職種学校の一課長に実働部隊もなければ、実働部隊との伝手《つて》もない。もともと実行できないのである。実際、山本はそのような大がかりなクーデター計画を三島に見せたことは一度もなかった。

この点、『自衛隊「影の部隊」』の中にある、山本の指摘する三島と自衛隊高級幹部の間にあったという大がかりなクーデター計画を私は信用しない。その理由は二つある。

一つは、山形大学名誉教授鈴木宏三が『三島由紀夫―幻の皇居突入計画』の中で、三島の「檄」をもとに山本が推測を働かせたものであり、実際に三島と自衛隊の間にクーデター構想はなかったはずだと指摘している。私は鈴木説を支持する。山本は昭和四五年三月末、日本刀を持参して不意に訪れた三島に、斬られるのではないかと狼狽し、かつ三島が辞去する際の「山本一佐は冷たいですな……」(『三島由紀夫・憂悶の祖国防衛賦』)との恨みの言葉を忘れられず、「檄」を読んで断片的な知識をつなぎ合わせて作った幻のクーデター計画であったと思う。

二つ目は、三島と自衛隊の間でこのような共同謀議があったとするのは山本以外になく、信憑性に欠けるからである。

つまり、三島に関する山本の記述は、意図的に三島と付かず離れずにいた関係から、このような思わせぶりと逃げ腰を思わせる性癖がある。一般的に山本の文章にはどこから攻められて防ぎきれるよう周到に備えが張りめぐらされている。また文章の語尾があいまいで、はっきりした真意がつかみにくいことが多い(その傾向は『三島由紀夫・憂悶の祖国防衛賦』に顕著に見られる）。

さて、先に述べたが、情報教育と称する徹底的な対ゲリラ戦闘教育と調査隊の行なうような技術的教育により、山本は三島を薬漬けにしてしまい、ただでさえ任務重視型の戦略思考の傾向がある三島に火をつけてしまった。山本は三島の父、平岡梓に「裏切り者」扱いをされている。マッチポンプの役を演じた山本は、裏切り者の汚名を着せられても反論できないであろう。

別の言い方をするなら、七〇年安保の前という情報教育には絶好の教育環境をあたえられながら、楯の会を運営するなど本気で民防と治安出動の先駆けとなろうとした知行合一の武人であった三島を、期待された情報将校にすることに失敗した「期待はずれの教官」であった。

あらためて同期の調査隊関係者に山本評を聞いてみた。彼は中央調査隊にいたので調査学校の山本と直接の接触はなかったが、そのうわさは中央調査隊まで伝わっていたという。

当時から中央調査隊の間では、山本のことを「自己顕示欲が強く、三島を利用しているのではないか」と言われていたと述べた。また「思わせぶりな人物だった」という記憶があるという。さらに、事件当日、ジープで市ケ谷に駆けつけたという話が本の中に出てくるが、それを裏付ける証言はなく本人がそう書いているだけだという。とにかく、世代が変わっているのに山本を知る周辺からはあまりいい評判は聞かれないのである。

第三章　三島事件か森田事件か

六月以降、主導権は森田から三島へ

三島事件を森田事件とする見方がある。昭和四五年四月に三島邸で、同年一〇月一八日に東銀座の料亭で私が三島と会った際に、森田必勝も同席したが、彼はひと言も言葉を発しなかった。ここでは三島事件と見るか森田事件と見るかについて取り上げ、森田の沈黙の考察については第六章で取り上げる。

三島事件を森田事件と称するのは、森田が三島を引っ張って、あるいは森田に引きずられて三島は市ケ谷事件を起こしたという見方である。この見方をする一人が作家の中村彰彦である。以下、中村の『三島事件もう一人の主役―烈士と呼ばれた森田必勝』をもとに話を進める。

「森田必勝を三島事件のもう一人の主役」にすることに、私も異論はない。しかし、三島事件を森田事件と呼ぶことには抵抗が大きい。

結論からいえば、この説は論拠に乏しい。筆者が中村の上記の本を分析してみたところでは、中村がそう主張している論拠は大きく二点しかない。

最も明白に主張されているのは次の点である。すなわち、昭和四四年「一〇・二一国際反戦デー」で全共闘のデモが機動隊に鎮圧され、自衛隊の治安出動の夢が潰《つい》えたあと、三島が楯の会の班長クラスを集め「一〇・二一も不発に終わり、彼ら（過激派学生）の行動に対する治安出動もなくなった。楯の会はどうすべきか」と言った。そのとき森田は「楯の会と自衛隊で国会を包囲し、憲法改正を発議させたらどうだろうか」と答えた。それについて三島は「武器の問題のほか、国会の開会中は難しい」と言った。（『裁判記録「三島由紀夫事件」』）

この三島の答えはおかしい。国会開会中に国会を包囲し、憲法改正の議決を強要するほうが理屈に合っている。安藤は「（一一月）三日のパレードの後、不可抗力で隊員が行動を起こす危険を防ぐため、狼の牙を抜くように（三島が）機先を制したのではないか」と述べている（『三島由紀夫の生涯』）。真相はわからないが、仮にそうだとして三島は手綱を誰にも手渡していないことは確かである。

三島は、いったんその場で森田案を退けたものの自衛隊とのクーデター案を否定したわけではなかった。その後の経緯は諸資料によりあいまいな部分はあるものの、おおむね森田案が伏流となって五月頃まで推移した。

ここで中村は「森田事件」の論拠へ迫る。

「『四五年五月中旬ころ』三島は自宅で必勝（注：森田）、小賀、小川に対し、『楯の会と自衛隊がともに武装して国会に入り、憲法改正を訴える方法が最も良い』と語った（検事石井和男の冒頭陳述＝『裁判記録「三島由紀夫事件」』）。前述したように、必勝がこの計画を三島に提案したのは四四年一〇月三〇日に遡る」

「してみると、以降およそ半年間にわたった必勝と三島の謀議は、必勝案を骨子として推移していたということになる。その意味においていわゆる三島事件の真相は、実は『森田事件』というべきものであった、と書いては言い過ぎであろうか」（『三島事件もう一人の主役』）

さらに「朝日の記事（注：省略）といいこれといい、三島が質問役にまわり、必勝ないしそれと思しき『学生』が具体的行動を答えて語る、という形になっていることには格別の注意をうながしたい」（前掲書）

中村が「格別の注意」と指摘する昭和四四年一〇月三〇日から翌四五年五月中旬までの「半年間」に限っていえば、「森田事件」という表現は言い過ぎではないだろう。しかし、六月に至り、主導権は森田からしだいに三島へと移り、「三島事件」の色合いを強めていく。

同じく『裁判記録「三島由紀夫事件」』によれば、六月一三日、ホテルオークラに三島ほか三人が集合した際の記録である。（石井検事冒頭陳述書）

三島は、自衛隊は期待できないから、自分たちだけで本件の計画を実行する、その方法として、自衛隊の弾薬庫を占拠して武器を確保するとともに、これを爆発させると脅すか、あるいは東部方面総監を拘束して人質とするかして、自衛隊員を集合させ、三島らの主張を訴え、決起する者があれば、ともに国会を占拠して憲法改正を議決させるという方策を提案した（注：この時点では第三二普通科連隊が集合に加わり決起する想定を捨てなかったのであろう）。これに対し、被告人両名（注：古賀、小川）および森田から、こもごも弾薬庫を占拠するにもその所在地が明らかでなく、両案をともに行うと兵力が分散するから困難であるとの意見が出、結局、総監を拘束する方策をとることとなり、さらに、三島は、十一月の楯の会二周年記念パレードを制服で行い、これを総監に観閲してもらい、その際、右の総監拘束を実行しようと提案し、さらに各自よく具体策を研究することとなった。

ここでは、三島の主導権がはっきり表れ、森田案から三島案への転換が見られる。ただし、なお森田らの意見具申が通る場面があり、各自よく具体策を研究するようになったことで、ふたたび森田らの会員が主導権をとる可能性も残された。しかし、七月五日に至って三島の主導権は決定的となる。

三島はこの日、当面の三人の同志（森田・小賀・小川）に対し、「行動計画」を伝えた。それによれば、市ケ谷で楯の会会員の訓練中、三島が自動車で日本刀を搬入し、五人で第三二連隊長に面会し、連隊長を二時間人質として自衛隊を集合させる。自衛隊員の中に行動を共にする者が出ることは不可能だろう。いずれにしても自分は死ななければならない。決行日は一一月二五日である、ということであった。

これを軍隊では状況判断を経ての「決心」または「指揮官意志の発動」という。昭和四四年末から翌四五年五月頃までの半年間は「森田事件」に見えたものが、ここでは明確に「三島事件」に確定したのである。

さらに九月九日、新しく同志に加えた古賀に対し、銀座のレストランで「行動計画」を伝え、彼の決意を確認した。これにより三島の計画は完全に確定し、疑いもなく「三島事件」となった。

三島は六日後の九月一五日、墨田区両国の飲食店「ももんじや」で初めて五人で会い、イノシシ料理の会食をもって結束を固めた。

では、五月中旬から九月までの間、森田の心境はどう推移していたのであろうか。

中村は、七月以降「テロルの否定」「クーデターの賛美」に傾いていた必勝も、夏の帰省前には三島と同じ結論に達していたに違いないという。私も、帰省して弟分の上田茂に「三島由紀夫に会って自分の考え方が理論化できた。だから三島を一人で死なせるわけにはいかん」(前掲書)と言ったのだと思う。

したがって、最終的な決起計画は三島が立てたものであり、森田はこれを追認したということになる。これも有力な「三島事件」の傍証である。

ただ、難しい問題が一つ残っている。それは、九月か一〇月か特定できないが、森田は住まいの小林荘において次のように口走るようになっていた。

「ここ迄来て三島が何も殺らなければ俺が殺る」(前掲書)

中村は、「これも三島事件を森田事件と考える重要な根拠の一つである」という。確かに四四年の「一〇・二一」で自衛隊とのクーデターの企図が完全に挫折してから、さすがの三島も四年にわたる報われなかった行動からの虚脱感は周りに隠しきれなかったのかもしれない。この虚脱感は最長七月初めまで続いたと考えられる。三島は七月一日、防衛研修所(現在の防衛研究所)の依頼で「国防政策への提言」の講演をした。にわかに信じがたいことだが、その中で、「……私は文学に専念していればよかったのに、柄にもならないことに首を突っ込み、どうにもならなくなった」と思わず懊悩する心境を吐露したからである。（『三島由紀夫の生涯』）

森田はそばにあって三島のそのような状態を見ていたのだろう。しかし、私は「俺が殺る」という森田の言葉は彼が三島を脅した言葉だとは思わない。話のつじつまは合うようだが日付が合わないのである。

森田の言葉は日付からみて九月九日の三島の指揮官意志の発動のあとの可能性が高い。これは三島の背中を押す言葉であり、これをもって「森田事件」の根拠とすることはできない。指揮官意志が発動されたあと、三島の意思に揺らぎはない。したがって、三島の背中を押したからといって、状況が変わるわけではない。このような言葉が意味を成すのは、三島が虚脱感にさいなまれ、なお再起の方法に迷う五月か六月、遅くとも七月までのことであろう。したがって、森田がこの言葉を発した時期が九月か一〇月ということから、決心した三島に向けられた言葉ではなく、森田自身の覚悟の表れと捉えるのが自然ではなかろうか。つまり、森田事件の論証にはならない。

三島の決心で計画は進んだ

中村は、「檄」の中で三島が「われわれは四年待った」と述べていることは間違いで、「必勝は四年、三島は二年待った」と訂正されるべきである旨述べている。（『三島事件もう一人の主役』）

ひるがえって三島は、初の体験入隊から帰宅した直後の四二年五月二八日、徳岡孝夫から自衛隊は合憲か違憲かと意見を聞かれ、こう答えた。

「少なくとも私は、今の段階では憲法改正は必要ではないという考えに傾いています」

（三島『帰郷兵』に二六の質問）

この時まだ三島は合憲論者だったのである。その三島が四四年一〇・二一の自衛隊の治安出動と憲法改正に期待し始めたきっかけは、四三年一〇・二一新宿騒乱までしかさかのぼれない。

しかし、この引用は三一頁で述べたように「少なくとも私は、今の段階では憲法改正は必要ではないという考えに傾いています」のあとに「というのは、憲法改正に要する膨大な政治的、社会的なエネルギーの損失を考えるなら、それを別のところに使うべきだと思うから」という言葉を省いている。また記者とのやり取りから三島の言が含むところは、彼が「便宜主義的合憲論者」で、本質的には「違憲論者」であり「改憲論者」ということである。

さらに、昭和四二年一一月『論争ジャーナル』で福田恆存と議論した時点で、三島は自衛隊合憲論に立っていたが、福田の素人政治論に脱帽した結果、直後に三島はクーデターを肯定するようになるのである。したがって、思想のぶれはあったとしても、必勝と同じく三島も「四年待った」といえるだろう。

もうひとつ細かいことだが、中村は、森田必勝が憲法改正を考えたのは昭和四二年七月に北恵庭の自衛隊に体験入隊してからであり、三島が憲法改正に期待し始めたきっかけは昭和四三年の一〇・二一の新宿駅騒乱までしかさかのぼれないという。これは必勝びいきである。三島が観念の上でなく、現実的に治安出動に期待し始めたのが昭和四三年の一〇・二一というのであれば、同じ尺度で森田も測らなければならない。森田だけ昭和四二年七月の北恵庭までさかのぼるのはおかしい。

最後に、中村の「森田事件説」を全面的に支える『三島事件もう一人の主役』に掲載された堤堯（元『文藝春秋』編集長）の解説についても触れたい。堤は文学的観点から、

「三島さんにしてみれば、やがてコトを起こすにしても、もう少し時間がほしかったに違いない。連載中の『豊饒の海』を存分に仕上げたい。そのあとは、「藤原定家を書きたい」と口癖のように言うのを何度か聞いたことがあります……」

そして、「いわゆる三島事件の真相は『森田事件』というべきものであった、と書いては言い過ぎであろうか」と問う中村に対し、

「言い過ぎではない、と思える。森田必勝は三島由紀夫にとって、『死神』といって悪ければ、まさに『オム・ファタール＝運命の人』だった」

中村と堤は私と概念規定が違うのかもしれないが、楯の会は「世界一小さい」といっても「軍隊組織」であり、三島は指揮官、森田は幕僚長である。三島事件を森田事件と呼ぶことは、「幕僚統帥」を意味する。

さきに昭和四四年一〇月から翌年五月までは「森田事件」と呼ぶことに同意したが、これは三島の指揮官意志の発動以前の問題であり「幕僚統帥」を意味しない。しかも、最終的には三島の決心は森田が最初に提起したクーデター構想から大きく変わっている。

したがって、三島事件全体をあたかも旧軍の悪弊であった「幕僚統帥」のごとく思わせてしまう「森田事件」という書き方はやはり言い過ぎである。

第四章　三島由紀夫との出会い

日本軍人にあこがれて防大受験

私は一九四七（昭和二二）年二月、現在の大阪府豊能郡能勢町に生まれた。能勢町は町村合併によって生まれた町で、小学生の頃は歌垣村と呼ばれていた。私は長男で、父は会社員であった。父の転勤で、小学校は歌垣村と神戸市、中学校は神戸市と広島市を転々とし、広島県立広島皆実《みなみ》高校（旧制広島県立女学校）卒業後、神奈川県横須賀市にある防衛大学校に進学した。

昔でいえば「軍国少年」、今でいう「ミリタリーオタク（軍事マニア）」で、小学生の時分から軍艦や軍用機などのプラモデル作りが好きで、主要な軍艦、軍用機、戦車などの名前はすべて覚えてしまった。また父の血を受け継いだせいか、絵を描くのが好きだったが、描くのはもっぱら軍艦、軍用機、戦車などに限られていた。そのときの小さなスケッチブックが今も残っている。さらに軍歌が大好きで、防大入校以来、コミュニケーションの手段として大いに役立っている。

読書も好きだったが、これも軍事ものに偏り、青春文学はまったく面白いとは思わず、戦記文学を読み漁った。いまも刊行されている月刊誌『丸』は中学時代からの愛読誌で、なかでも戦記は血沸き肉躍らせながら読み、日本軍の敢闘精神にはただただ感激した。とくに特攻隊員の手記は、同年代の少年飛行兵らがなぜかくも勇敢に戦い散っていったのか、私の心に大きな衝撃をあたえた。戦記本のおかげで、著名な戦史の概要はわかっていたので、これも防大時代にずいぶん役に立った。

そんな「ミリオタ」の文学青年だったので、高校時代、三島文学はほとんど読まなかった。はっきり覚えているのは二冊だけである。最初に読んだのは『金閣寺』で、その美意識に感動したことを覚えている。もう一冊は『憂国』で、こちらはさらに衝撃的だった。精神が共鳴したというのだろうか、その後の私の人生を考えると当然の反応であったろう。

三島の文学ファンというほどではなかったが、できれば一度会ってみたい作家だった。その後、実際に会うことになり、「三島由紀夫と最後に会った青年将校」になるとは、当時、夢にも思わなかった。

私の通った県立高校は、勉学、部活（運動部）、生徒会活動の「鼎立《ていりつ》」が推奨されていた。勉学については、自分の成績と志望校（防大）の傾向と対策を調べ、合格できるだろうと考えていた。部活は高校入学のときから硬式テニスを選んだ。頑健に見えるタイプではなく、よくいえばスマートなタイプだったから、最初から無理せずに続けられるテニスを選んだ。テニスの一ゲームあたりの運動量は柔道に匹敵するのだが、防大時代は入校前に防大卒業生から「テニスは軟弱に思われるから避けるよう」勧められたため、少林寺拳法部を選んだ。

三つ目の生徒会活動についても触れる。生徒会長の任期は半年で、二年生の七月～一二月、二年生の一月～三年生の六月であった。前者に立候補するのは受験勉強に差しさわりがないため立候補者には事欠かない。しかし後者は受験勉強に影響してくるため、立候補者が集まらない。私は理想の「鼎立」を追求しながら、どうして立候補しやすい前者に立たなかったのか、今となってはしかと思い出せないが、たぶん部活ができなくなるのを恐れたのであろう。

といって後者に立候補するのは躊躇《ためら》われた。大学入試は三月にあるが防大は半年前の一〇月中旬に一次試験がある。そのため生徒会長を退いてから試験日まで準備期間は三か月半しかなかった。私は立候補の意思を表明しなかった。すると生徒会担当の教師から、立候補するよう強く勧められた。

防大入試はそれなりに自信があった。それにしても時間が足りない。個人的には立候補したい気持ちもあったが決められない。そこで母親に背中を押してもらうつもりで立候補の締め切り前夜に相談した。すると「鼎立などは常識で考えてもできるものではない」「それでも生徒会長をやりたいなら立候補しなさい」「ただし、国公立が失敗しても私立にやるお金は家にはない。自分の責任で決めなさい」と母親に言われた。それを聞いて、私の気持ちは固まり、高校生活の目標である「鼎立」が可能となった。昭和三九（一九六四）年一月一日付で第二二代生徒会長に就任した。

生徒会長の任期後の同年一〇月、広島県教育委員会から各校の現職および元生徒会長に第一回東京オリンピックの閉会式（一〇月二四日）の招待状が届いた。普通なら跳び上がって喜ぶところだが、防大の一次試験が目前である。だが、二度とないチャンスである。もう入試の準備は九九パーセントできている。あとは運を天にまかせよう。

オリンピックに三島は取材者として国立競技場にいた。もちろんそのことは知らなかった。閉会式の感動は記すまでもない。それ以上に一緒に過ごした各校の生徒会長との交流は大きな刺激となった。進学校で学ぶ自分にとって大学受験は当たり前だが、工業高校や商業高校の生徒は卒業後すぐに就職する者が多い。同世代の仲間がそれぞれの進路を進む現実がそこにあった。みんなは防大受験する私を応援してくれた。

防大とそれに続く自衛官の道を選んだのは、戦記文学を通じて日本軍人の敢闘精神、とくに特攻隊員の潔さに心を打たれたからである。あの若さでどうすればこんな清らかな気持ちで信じるものに身を捧げることができるのか、よし、追体験してみよう、そう思ったのである。さらに高校時代の目標であった「鼎立」を実現できたことは、断固貫徹の精神基盤をあたえてくれた。このように、私の人格形成は高校時代に骨格が固まっていたと思う。

勇気づけられた祖父のひと言

私の名前は、祖父の繁一から一字もらって繁樹と名付けられた。その祖父が防大入校前にこう言った。

「繁樹よ、今日なあ、お前のこと聞いて、よその人が言うてはったで。歌垣と東郷（隣村）から戦後初めて偉い人が出たなあーて」

この祖父のひと言に私は身が引きしまった。

祖父世代にとって、防衛大学校に入ることは陸軍士官学校や海軍兵学校に入ることと同じで、国のエリートになるという意識があったのだろう。戦後生まれの私は、思いもかけぬ、この言葉に自分の歩む道に襟を正さずにはおられなかった。

民主主義教育を受けた私は、「新国軍」の建設は「民主主義の擁護」にあると考えていた。しかし、軍が民主主義を擁護するとはどういうことか、私は旧軍が国体を守ったことから今度は政体を守るのか、そんなことを考えながらも、当時は確たる答えを見い出せなかった。

昭和四〇（一九六五）年四月六日、防衛大学校に入校。制服を着用すると見映えはいいが、私の目からは同期生の多くは「魂の抜け殻」のように見えた。たしかに終生の友となった森川啓二や内田政三のように志願して入校した者もいたが、第一志望の大学を落ちたからとか、将来は自衛隊を「国土建設隊」（当時の社会党の主張）にしたいと真面目に言う者、果ては兄貴が日本共産党系の民主青年同盟に入っている者（さすがに半年で退学）までいた。私のように軍人たる自衛官を一生の仕事と定めて入校した者は一学年で構成する私の小隊二〇人の中で、同じく終生の友となった弘田雅数だけであった。当時はそういう時代であった。これでは私が特異な存在だった高校時代の環境をそのまま防大に持ってきただけではないか。防大も国防精神を分かち合える場ではないのではないかと入校早々がっかりした。

私が思うに、防大入試も学科の成績を基準に行なわれるため、志望の熱意や動機は二義的になっているからではないのか。実際、高校時代の友人は、私と同様に熱烈な国防意識を持ちながらもついに試験に合格しなかった。

確かに将校がバカでは強い軍隊は育たない。しかし、「魂の抜け殻」の集まりで、軍隊は用をなすのか。そんな悪態を心の中でつきながらも、「中身より形から入る」軍隊の鍛え方に有無を言わさず私は従わされた。生活指導を担当する二学年からは、まず「文句はやってから言え」と教育された。だから、いろいろ文句のある私も一年目を立派に勤めあげてからでなければ、学生舎生活では「口にチャック」状態であった（同学年だけの教場では自由にものが言えた）。

「西村という弁の立つやつがいる」

ここで、私がどういう学生だったか、同期生の森川啓二に少し語ってもらおう。森川とは久留米の幹部候補生学校時代に同じ区隊となり、意気投合し、ともに「三島由紀夫と最後に会った青年将校」となった間柄である。

防大は募集要綱に身体検査が明記されているため、学生のタイプは健康優良児が集まる体育会系学生に近い。その中で、西村は中肉中背、細身で色白、容姿では目立つ存在ではなかった。カジュアルな服装で本でも持たせれば、一般大学の文科系学生と思われたであろう。だが、声の大きさは群を抜いていた。またその声はよく通る声だった。

学生の一日は起床ラッパで始まる。ラッパが鳴るや、寝具の毛布をきちんと定められたとおりにたたみ、二分間で学生隊舎前へ飛び出し、最初に並んだ一学年の数人が大隊の全学生の前に立ち、「気を付けー」「回れー右！」と大声で号令をかける。それに続いて全員が唱和するのである。

号令は、教務班の教場の往復、小部隊の戦闘訓練でも使われるので、大きくて、よく通る声は、将来指揮官となるための重要な資質でもある。このため、関西出身でありながら、なまりがなく、なめらかな号令を発する西村は、それだけで一学年のときから目立った。

幹部候補生学校卒業後、西村は特科部隊（砲兵部隊）に配属されたが、火砲の轟音にもかき消されない号令は、砲兵指揮官としてうってつけであったと思われる。

声がよく通ったことに加えて軍歌をたくさん知っていたから、進んでみんなの隊歌指導（軍歌指導とは言えなかった）を引き受けた。訓練中、とくに行軍中にみんながくたびれた頃に西村が、たとえば「隊歌、歩兵の本領！」と一小節を歌いだすと、みんなが元気を出して唱和するのである。

この効果は学生の士気を盛り上げるだけでなく、教官に「こいつらは真面目に訓練に取り組んでいる」という印象を与えた。西村の訓練教官は理解のある人で、防大生は、幹部候補生学校（幹候校）で厳しくしごかれるから、いまは元気さえあればいいという考え方で手加減してくれた。

一方、隣の訓練班は、教官が厳しく搾りあげたため、幹候校へ入校しない者が続出した。西村の訓練班は防大卒業後もほぼ全員が幹候校へ入校したことから、西村の隊歌指導は幹部候補生の歩留まりにも役立った。（訓練班第二班、柳澤壽昭《としあき》〔西村と同班〕）

将来の幹部自衛官を目指す学生にとって、身体の鍛錬は必須であった。西村は少林寺拳法部であった。少林寺拳法の錬成には乱取り（組み手）という実戦的練習法がある。西村は技量的には上級者ではなかったが、乱取りでは相手が上級者であっても、自分から参ったとは言わなかった。部長が「それまで！」と声をかけることがしばしばだった。（部長、高本俊之〔故人〕）

西村が在学した時期は七〇年安保の前哨戦にあたり、人文科学系の文化部（防大では運動部と文化部の双方に所属することが奨励され、私〔森川〕はアジア研究部、西村は軍事史研究部）では、自分たちと対峙する新左翼の実態解明とこれへの理論武装の必要性が理解されていた。しかし左翼学生の理想とする国家像と自衛隊が守る国家像の違いを明確に捉えられないばかりか、要となるべき「愛国心」についてもきちんと認識できていなかった。そのため、防大生の多くは安保問題や新左翼運動、それに関連する自衛隊について意見を披瀝《ひれき》しなかった。

そんな中で西村だけは、他大学との意見交換、防大の開校祭での報告会などで、臆することなく自分の意見を主張した。いつの間にか学生間では、「西村というけっこう弁の立つやつがいる」（アジア研究部部長、嵐孝明）と知られるようになっていた。

制服姿で大学紛争をめぐり議論を戦わす

同期生の森川に代わり、私の口から続きを述べる。

三学年となった昭和四二（一九六七）年、私は大学紛争という社会事象に強い関心を持った。防大でこそ学園紛争は起こりえなかったが、同世代の学生が大学当局と政治体制を相手に暴力的な紛争を繰り広げているのである。紛争は授業料値上げという防大生には関係のない問題から始まったが、すぐに反戦・反安保闘争という政治運動へと発展していった。こうなれば私の問題意識に関わってくる。

私は、紛争中の大学を回り、できれば彼らと議論したいと考えた。当時、防大では外出時の制服着用が義務付けられていた。外出先で着替えるという姑息な手段はとりたくなかった私は

防衛大学校同期生の３人はその後も行動を共にし、終生の友となった。左から筆者（西村繁樹）、内田政三、森川啓二。卒業後も哲学・思想問題を深めるべく共に行動した。このような自己研鑽は同期生の中では珍しかった。

紛争中の大学を制服姿で回ることにした。制服外出が規則だったので、紛争中の大学であろうと何の違和感も恐怖も感じなかった。結果的に怪我ひとつしなかった。

当時、防大は土曜午後と日曜・祝祭日しか外出できなかったので、その間を利用して大学回りしたが、翌四三年になると、さらに欲張って秋の中間試験終了後の平日外出を大学側に申請した。

大学紛争はさらにエスカレートしてバリケード封鎖が増えた。そんな中、制服姿で回る私を身のほど知らずと思うかもしれないが、平日外出を許可した学校側もたいしたものである。ある日、小隊指導教官から「平日外出の許可について幹事（自衛官の副校長）が呼んでおられるから行って来い」と言われた。「不許可なのか」と一瞬、懸念が頭をかすめたが、幹事は私と話がしたかったらしい。

「防衛問題に対する反対運動を実地で感得し議論を交わすことはいいことだ」と許可したうえで、「ついては君の感想文を提出してくれ」と条件を付けられた。それはおやすいことであった。制服姿の外出は危険だから許可できないという官僚的な答えでもなければ、制服を私服に着替えてスパイ活動しろという注文でもなかった（前述したように同時期、三島以下「楯の会」のメンバーは山本一佐の指導の下、市街地で密かに遊撃戦訓練をやっていたのである）。

昭和四二年～四三年、私はできるだけ多くの大学を回り、反戦・反安保の学生たちに積極的に論戦を挑んだ。三学年の時は好奇心が先行して論争の準備は不十分であったものの、防衛問題については人一倍勉強していたので連戦連勝であった。

残念ながらどこの大学へ行き、具体的に何をどう議論したかの記憶は失われているが、いくつか印象に残ることがある。私は議論に夢中になるタイプで、相手を論破してひと息ついて振り返ったら、なんと黒山の人だかりができていた。それはそうだろう。制帽をかぶり裾を絞った特徴ある上着を着た見慣れない制服姿の学生が、立て看板が林立する大学構内でたった一人で大勢を相手に論戦しているのである。黒山の人だかりの中で互いに負けじと議論する両者は必死に切り結んだ。

一年目は勢い余って不勉強なまま相手に突っかかって膠着状態に陥ったことがある。それは毛沢東戦略についてであった。相手も不勉強なことはわかったが、議論に負けまいとして、毛沢東の戦略理論から外れたことでも構わずに言い立ててくる。私も毛沢東の戦略を十分に勉強していなかったものだから、彼の議論のどこまでが正しくどこからが間違いか適切に反論できないのである。彼も同じことを感じていたであろう。しかし、彼の面の皮のほうが厚かった。彼の顔にはっきり防大生に負けなかったという満足の笑みが浮かんだ。

　幸い周囲に人がいなかったので目立たずに済んだが、あらためて十分な勉強を積んで翌年出直すことを誓った。

休日には制服姿で紛争中の大学を回り、防衛問題をめぐって左翼学生と大いに論戦した。写真は防大入校間もない頃の筆者。左は中隊指導教官の河本３佐。

　翌四三年、同じ場所へ行ったら同じ学生がいた。彼も私を忘れるはずがない。再び決闘が始まった。しばらくしたら彼が去年から全然勉強を積んでいないことがわかった。去年と同様めちゃくちゃな理論をふっかけてきたが、今度は対処は簡単だった。「毛沢東はそんなことを言っていない」。これで相手はひるんだ。「こう言っているんだよ」。相手はまったく反論できず、勝負はあっさりついた。

大学回りの最中、危ない目には遭わなかったが、何事もなかったわけではない。ある反安保グループを打ち破ったとき「中で話をするか」と持ちかけられた。さすがにこれは身に危険が及ぶかもしれないと思い拒否したが、それ以上しつこくからまれることはなかった。衆人環視の中では部屋の中に引きずり込むことはできなかったのであろう。

こんなこともあった。早稲田大学のキャンパスで前から来た一人の学生がすれ違いざま「ここはおまえの来るところではない！」と制服姿の私に向かって罵声を浴びせた。それほど大きな声ではなかったが、後ろから肩越しに怒鳴られたのでいささか驚いた。その学生は振り返ることなくすたすたと遠ざかっていった。ささやかな脅しをかけただけだった。私は「この卑怯者めが」とつぶやいた。

二年間にわたるこのような経験を経て、私は左翼の学生をそれほど恐ろしいものとは思わなくなったし、防衛問題に関しては思想的に自信を持った。

三島由紀夫との初めての出会い

昭和四三（一九六八）年七月、防大四学年の夏季訓練中、滝ケ原で初めて三島と面談した。

それはほとんど偶然ともいえる出会いであった。その日の午後、東海地方に台風が襲来し、東富士演習場で夜間の天幕露営ができなくなったのである。そのためわれわれは急遽、滝ケ原の廠舎（演習時に寝泊まりする仮兵舎）へと避難した。

そこで「おーい、三島由紀夫が来てるぞー」という同じ訓練班の亀山好弘（故人）の声が聞こえた。この時、滝ケ原分屯地で第二回体験入隊（「楯の会」の前身である「祖国防衛隊」の二期生、実はこの中に翌年四月、久留米の幹部候補生学校で終生の友となった今野茂雄が含まれていた。しかしこの時は会わなかった）が行なわれており、三島はそれを引率していたのである。

一度は会ってみたいと思っていた著名な作家である。何人か仲間を募り、急いで飛んで行った。その中に赤谷信之とMが交じっていた。三島は普通科教導連隊の第三中隊長室を借りて仕事場としていた。われわれがノックすると中から大きな声で返事があった。私は皆を代表して姓名申告（軍規にもとづき氏名と用件を伝えること）をした。失礼にならないようにドアの外からの姓名申告であったが、どうしても入るぞという勢いで「防衛大学校第四学年西村学生ほか○○名の者は、三島先生に用件があって参りました」と声をかけた。

昼は体験入隊の学生と共に行動し、夜にようやく執筆活動に励む三島にとって不意の闖入者《ちんにゅうしゃ》は驚く以上に迷惑であったかもしれない。しかし三島は我々が入室したときこそ、体験入隊の学生でもなければ、普通科教導連隊の教官や助教のように知った顔でもないので、一瞬いぶかしさが顔に走った。しかし「防衛大学校第四学年」という姓名申告と戦闘服の両襟についた鳩に桜の徽章から防大生だと悟ったようだった。

仕事中にもかかわらず、三島は愛想よく中隊長の簡素な応接セットへ招いてくれた。座れない者は会議用のパイプ椅子を持ち出し三島を囲んだ。三島の第一印象はよく覚えている。ぎょろりとした丸い目、煙草を一日三〇本から四〇本も吸っていたといわれることからしゃがれた特徴ある大きな声と哄笑である。

「防大の学生さんですか」。ピース缶から一本抜いて火をつけ大きく煙を吐き出してから、われわれをリラックスさせるように話かけてきた。

一時間は話したと思うが、この時の三島とわれわれとの会話は三点しか覚えていない。一つは私自身の対話である。私は大学紛争をめぐって学生と論争した経験から、三島に対して尋ねた。

「イデオロギーは左右に分かれるが、文化は分かれないのではありませんか？」

三島は答える。

「文化も分かれる。人間は敵味方に分かれるから価値は相対化する。相対的価値の絶対化を死によって成就するのが行動の本質である」

これはまさに三島哲学の本質を述べたものであり、『文化防衛論』にも登場する言葉である。

二つ目は、当時、私が三島のおどけ話かなと思って聞いたものである。三島は「虚構の作品に惹かれて読者が何をしようと私の責任ではない」と言った。

（へえー、それは無責任ではないか）と私は思ったが、三島はこう続けた。

「警察から電話がかかってきた。『奔馬』（『豊饒の海』第二巻）を読んで京都の右翼の学生が要人暗殺のため、上京してくるということだった。そういうやつは馬鹿だ」

なんとそうなのか、扇動されたやつはたまらないな、と思った。しかし、三島の話には大事な続きがあった。

「私は小説には責任を持たないが、評論には責任を持つ。私の思想信条を書いたものに偽りはない」と言い切った。

私は純文学を好む文学青年ではなかったから、三島のこの言葉を聞いて以降、三島を理解するために三島文学を読もうとする努力はやめた。

ところで、三島は皮肉やきつい冗談には笑い飛ばしてやり過ごす傾向があるが、この夜いきなりM学生の放った辛辣な皮肉が三島の禁忌（タブー）に触れた。Mは三島にこう言い放った。

「ボディビルや体験入隊に精を出すのは、生まれついての虚弱さからきているのではありませんか？」

それまでにこやかに応対していた三島はむっとした感情を顔に出して答えた。

「人間とはそういう弱みに立って生きるのではないですか！」

この三島に対する不用意な皮肉がせっかくの場を台無しにしてしまった。そのことがあまりに強く印象に残ったので、その後のことはよく覚えていない。この初対面の出会いから、三島と向き合うときは真っ向勝負の気構えが必要であると強く感じた。

三島の防大講演

二回目の出会いは、三島が防大で講演した昭和四三（一九六八）年一一月二〇日であった。このときの様子は、前述の保田龍治が連載した「よみがえる三島由紀夫」に記述されている。なお、三島の防大での「講演記録」は部外秘であったが、『マンスリーウイル』（平成一七年一二月号）に全文掲載され、保田がこれを抜粋したものである（保田はこの連載記事の取材中、三島事件について初めて私にインタビューしたジャーナリストである。当時まだ現役であった私は仮名で登場している）。

昭和四三年一一月二〇日。横須賀市にある防大講堂に在学生約二〇〇〇人が集まった。待ち構える相手は、作家、三島由紀夫。防大が正式に講師として招聘したのである。「主役」の登場を前に、教官が学生に、こう説明した。

「思い切ったことを言ってもらおうと思い、三島さんに来ていただいた。校長（注：二代目大森寛元陸幕長）と相談したうえで、三島さんになら何を言ってもらっても構わない、ということになった」

「心して話を聞くように」（中略）

全学生からの敬礼と割れんばかりの拍手を受けた三島は、『素人防衛論』と題して、おもむろに話し始めた。

三島は、まず「自衛隊二分論」について述べている。

自衛隊の組織を、国連の要請で活動する部隊と、もっぱら国防の任だけにあたる部隊に分ける。陸自の九割と海自・空自のいくばくかを純粋な「国土防衛軍」とし、その残余の陸海空部隊を「国連警察予備軍」として、いつでも国連の要請に応えられるようにするというのである。

現在の自衛隊の任務を見越したような問題提起があったと、保田は述べる。

三島は続いて、この「国土防衛軍」の使命を「反革命」であると規定した。つまり「（戦後）とりいれた民主主義というもの、その上になり立った、天皇を象徴として戴くこの日本国家というもの」を革命勢力による間接侵略から守るというのである。その行動を広範囲な民間防衛組織が支え、危急の事態の場合には、市民1人1人が銃を取ってともに戦える態勢を取るのが理想的であると、三島は自説を披歴した。

そして、この「国土防衛軍」の主任務になり得るのが「治安出動」だとしたうえで、三島は、治安出動は、単に暴徒を鎮圧するだけでなく、自衛隊にとって「政治的な」メリットも生むものだと力説した。

「治安出動というのは〝クーデター〟になり得るんだ。というのは撤兵しなきゃ政治条件が出せるんです。この革命情勢において軍隊を動かすということは、政治条件といつも密接につながっているんです。治安出動イコール政治条件だと考えても間違いはないと思う。〝撤兵しないぞ〟と言われたら、とてもかなう政権はないんです。じゃあ撤兵してもらうにはどうしたらいいんだ……。憲法改正して軍隊を認めなさい、と言っちゃえばそれまでだ。これ、何もクーデターしなくてもできちゃう。私は、悪いこと唆《そそのか》すんじゃないけれども、そのくらいの〝腹〟がなければ自衛隊のジェネラル（原注：将官のこと）というものは、これからやっていけないと思っている。本当のチャンスが来たときに、グッと政治的な手を打てるジェネラルがいないといかんな」

「日本というものには荒療治が必要な時期がいつか来る。荒療治をしなければ日本は良くならんということは、おそらく左の人間は考えているんだろうが、右の人間も腹の中に持っていなければ、柔らかい療治だってできないじゃないか」（「講演記録」より抜粋）

いったん軍隊（自衛隊）が首都に展開してしまえば、部隊の意思次第で、憲法改正を求める「無血クーデター」を起こすことも難しい話ではない。三島は、そう煽った。講演に先立って、10・21国際反戦デーの現場に立ち、街頭で暴れまわる暴徒を観察し、自衛隊の治安出動も必至と考えていた、当時の三島の精神の昂ぶりが伝わってくるような発言である。

保田の記述は、三島の講演が終わるや学生の質問が殺到し、その範囲は多岐にわたったとある。中でも最上級生の一三期生が、三島に強く引き付けられたようであると続く。

私は一三期生だから、三島の精神の昂ぶりはわかったが、学生の反応は、私の記憶と違っているので、以下自分の所見について述べる。

四か月前に滝ケ原で三島に会った気安さからか、講演後、私は三島の後を追いかけて、校長応接室まで行ったという。「という」としたのは、同室の内田政三がそう証言するのだ。私はそれを覚えていないし、何を質問したかも覚えていない。どうしてこんな大事な記憶の喪失が起こったのか……。思うに、三島の講演内容は防大生が理解するには難しすぎた。

大学紛争の現場を踏んで、人よりも一歩前を行っていると思っていた私にも難しかった。「自衛隊二分論」は概念的にわかるが、「無血クーデター論」は聞いても隔靴掻痒《かっかそうよう》であり、問題意識の共有ができていると思えなかった。いや、多くの学生はその前段階の情報共有すら、三島との間にできていなかった。だいたい小原台《おばらだい》にこもった防大生は、テレビを観ることもままならず、平日外出といえばクラブ活動で外出することを意味する。人文科学系文化部に所属し真面目に自己研鑽する学生を除き、多くは世間の嵐などどこ吹く風のノンポリであった。

このような情報共有や問題意識のギャップから三島の講演が難しくなったことは、三島が防大の教育システムをよく知らなかったからだと思う。防大は一般の理工科系（当時、人文科学系はなかった）の大学であり、士官学校というにはほど遠かった。陸上要員の場合、卒業後、幹部候補生学校で半年間、初歩の戦術と共通（歩兵）訓練を経なければならず、さらに半年の隊付き見習士官を経て、列国の同期生から一年遅れでようやく士官（将校、自衛隊では幹部）となるのである。

だから、三島が『素人防衛論』と銘打っても、防大生のほうがより素人であった。三島の「自衛隊二分論」は何とか理解できても、「無血クーデター論」は、治安出動の何たるかを具体的に教えられていない防大生にとって想像することすら難しかった。防大はこの教育を幹部候補生学校に先送りしていたし、幹部候補生学校は多くを実施部隊に先送りしていた。

驚いたことに七〇年安保と新左翼についての理論教育を受けたのは、まさに部隊に行ったあと、七〇年に富士学校野戦特科幹部初級課程（ＢＯＣ）に入ったときであった。一方、私はすでに自己研鑽を積んでいたし、七〇年安保闘争そのものは、前年の「一〇・二一国際反戦デー」の機動隊によるデモ隊鎮圧で勝負がついていた。ＢＯＣのこの種の教育は翌年にはなくなっていたかもしれない。

三島の「無血クーデター論」によれば、撤兵を拒否するジェネラルが必要だが、当時そんな将官が自衛隊にいるかなと思った。のちに首都警備の治安出動訓練に励む第一特科連隊に配属されたが、第一師団長から師団の各幹部に「われわれは国民に銃を向けるものではない」という論文を書くよう指示があり、「最後に師団長原案（自衛隊内での用語で「模範解答」の意）を示す」と示達《じたつ》された。

治安出動が下令《かれい》されれば、国民に銃を向ける覚悟を持たなければ、任務達成はおぼつかない。何たる矛盾を書かせるのか、と驚いた。矛盾の止揚《しよう》などできなかったが、誰もうまく書けなかったと見えて、上司から文句も返ってこなかった。そして、師団長原案はついに示されなかった。当たり前だ！

話を三島の防大講演を聴講した学生の反応に戻そう。

三島の「天皇論」に至っては、ごく一部の宗教的背景を持ったもの以外、記憶に残らなかったのではないか。私の場合は、三島のこうした主張が私の胸に響いたのは、幹部候補生学校卒業後の自己研鑽と昭和四五年三月の三島との三回目の出会い以後の薫陶による。

なお、三島の「自衛隊二分論」は、第八章で詳しく論評したい。

幹部候補生学校で同志に出会う

昭和四四（一九六九）年三月二二日、防衛大学校を卒業。引き続き四月五日に陸自幹部候補生学校へ入校した。「赤鬼、青鬼が待つ」と脅かされた幹候校である。厳しいだろうが、所詮は防大の延長である。半年の辛抱ではないかと思い定めた。

幹候校では第一候補生隊（防大卒〔Bと略された〕の隊）第四区隊に所属した。この区隊で森川啓二と内田政三（防大三年以来同室）と一緒になった。区隊長は熊本大学出身の村上一尉であった。防大の指導教官の申し送りがあったのか、私には理解があった。

赤鬼、青鬼を怖いと思うより、幹候校では、私にはそれを超える好奇心があった。大学紛争の現場を歩き、いろいろな大学を巡って議論を戦わせた経験から、大学紛争を経験して幹部候補生学校へ入校してきた一般大学卒業生と知り合って、同志的交わりを持ち、大いに議論を交わしたいと思っていたのである。

防大卒と一般大卒（Uと略された）と部内出身者（下士官〔陸曹〕出身者でIと称された）の対面式が入校式のあと開催された。その後、全学生はそれぞれに同友の士を求めて集まった。Uの中にも、語り合えるBの同志を探したいと思う者がいた。それが今野茂雄と中山隆司（仮名）であった。

今野の話によれば、Bの菅谷敏彦に、「誰か弁の立つ者はいるか」尋ねたところ、菅谷はすぐに私の名前を出したそうである。

私は同じ区隊の内田政三と森川啓二に今野と中山を引き合わせた。こうして、共に行動する同志五人は咲き誇る桜花のもとで契りを交わしたのである。

ここで、同志を簡単に紹介しておく。

森川啓二

昭和二一（一九四六）年二月生まれ。山形県東置賜郡出身。出身は山形だが、出生は中国の瀋陽（父は関東軍の軍属）。引き揚げ帰国は昭和二二年一〇月である。

防大の志望動機は担任の勧めによる。その担任は青山学院大卒で旧軍将校。当時四〇歳くらいで終戦時は中尉と思われる。

いつも「わしは志願して軍隊に入った。戦争はよくないが国のために戦ったことは、わしの誇りだ」と言っていた。空手の上級者で、礼儀作法の指導は厳しかったが、学校でも一番人気の先生だった。

進路に迷っていたとき、担任はお前だったら何をすればよいかわかるだろうと言ってくれた。直接防大を勧めてくれたわけではないが、「防大というのがあるようなので受験してみます」と言ったら大喜びしてくれた。工業高校だったので受験には自信がなかったが、「わしができることは見てやるから受けて見ろ！」と言ってくれた。

合格の報告をしたら自宅に招いて「お前はわしの自慢の生徒だ」と言って祝ってくれた。

防大校友会活動は、水泳部とアジア研究部。

内田政三

昭和二一年六月生まれ。福島県南相馬市出身。入校の動機は家庭の事情と先生の影響。家は裕福でなく国公立しか選べなかった。

中学の先生がダイナマイトというあだ名の元陸軍大佐だった。この先生から防大について話を聞き印象に残った。同じく中学で、防大入校中の甥がいる元中尉の先生からも「規律正しい校風」「学生手当てが支給される」などを教えられ興味を持った。「総じて防大は格好がいいし、やりがいがある」と思った。

校友会活動は、剣道部と社会科学研究部。

今野茂雄

昭和二二年三月生まれ。福島県福島市出身。大学時代、弁護士を目指すも、学生運動により勉強を妨害されて断念する。大学四年の時、民間企業への就職が決まっていたが、武力革命が起きたら大変なことになると思い、自衛隊入隊を決意。一次試験に合格したのち、友人から「自衛隊体験入隊」の話を聞く。

昭和四三年七月、「楯の会」一期生（その時点では「楯の会」の名称は決まっていなかった）として体験入隊。体験入隊中の八月、自衛隊の二次試験を受験。面接試験だったが、学生運動についてや三島由紀夫との関係、政治的なことはいっさい訊かれなかった。
「楯の会」から二～三人が自衛官になったが、その中で唯一陸上自衛隊に入隊した候補生である。海上自衛隊に入隊したO候補生は、三島事件後、いじめと差別的な待遇を受けたというが、今野はそのような扱いを受けなかった。

中山隆司（仮名）

中山の最初の自己紹介にはびっくりした。「防大は理工科系の大学である。だからものの考え方を教えられていない。そういうものに国防を任せられない。俺は哲学を勉強してきた。哲学はすべての学問の最上位にある。だから、お前たちにものの考え方を教えてやる。俺はいつまでも自衛隊にいるつもりはない。お前たちに教えたら自衛隊をやめる（実際には定年までいた）」

中山はいまでいう典型的な「上から目線」の男であったが、私はそう腹を立てなかった。残念ながら、彼の防大生に対する評価はあたっていた。だから私は、彼をイデオローグとしてグループに迎え入れた。

中山は、われわれB（防大出身者）に哲学の先生を紹介するなどしてくれて感謝しているが、グループの中では影として動くはずなのに、肝心な時に表へ出たがり、場を台なしにする悪い癖《くせ》があった。

この年の幹候校候補生隊は、七〇年安保直前の世相を反映していた。休憩時間には私のベッドの周りにみんなが集まって、七〇年安保について私の話を聞いたり、熱心に議論を戦わせたりした。先に森川が述べたように、私は防大時代から、Bのイデオローグとしてみんなに知られていた。Bの場合、半年後には卒業し、見習士官として部隊で治安情勢や治安出動について教育をしなければならない。みんなの真剣さは防大在校時とは目に見えて違っていた。

議論の輪は第一候補生隊全体に次第に広がっていったが、いちばん活発だったのはわが四区隊であった。そこにしばしば第二候補生隊（U：一般大学出身者）の今野や中山が顔を出して議論に加わったのである。

ただ、守るべきものは、国体なのか政体なのかという話はまだ出なかった。これについては、幹候校卒業後の自己研鑽、とくに私は富士学校野戦特科幹部初級課程（BOC）での三島の薫陶を待たねばならなかった。

世相を最も反映したものが、全校討論会であった。これはわれわれBとUの五人が企画した。五月二日（土）午後から六日（火）の連休を利用して、五人は熊本に宿をとり連日の厳しい教育訓練の疲れをいやした。そのとき、誰が言うともなく、幹候生全員が参加する「時局討論会」を学校側に提案して開催させてもらおうではないかということになった。

主題は「一九七〇年代を考える」。計一〇個のテーマを選び、各自自由に参加してもらう。学校側への説得は、まず私が区隊長の村上一尉に話をした。村上一尉は私に理解があったので、上層部に上げてくれた。ほかの区隊長から反対があるかと思ったが、「前代未聞だが、時代の趨勢」ということで受け入れられた。むしろ激励してくれた区隊長もいた。学校の科目区分は「精神教育（主義・思想）」となった。

テーマにより参加者の増減があったが、今野のテーマは「学生運動」で二〇人くらい集まった。私のテーマは覚えていないが、一〇人ほどで少なかった。

自衛隊の治安出動訓練

このような時代を反映した思い出を残して、昭和四四（一九六九）年一〇月六日、幹部候補生学校を卒業した。最初の任地は山梨県富士吉田市近傍にある北富士駐屯地の特科部隊であった。着任日まで半月ほどあり、その間に一〇月二一日が挟まっていた。私はこれ幸いと新宿駅西口に出かけて、全学連と機動隊の衝突をこの目で見た。

最初は歩道橋の上から見ることができたのでよく状況を把握できた。長槍にも似た竹ザオとジュラルミン楯の激闘であった。最初、学生たちが機動隊と互角に渡り合っているように見えた。ときどき機動隊は分断され、分隊ごとに円陣を組んで、ゲバ学生の集中的な槍ぶすまを避けた。その後、小隊ほどの部隊が学生に襲いかかり、再び機動隊は元の隊形に復するのである。

この間、学生は投石、火炎瓶で攻勢をかけ、機動隊は警備車両からの放水で対抗する。放水銃の威力はすさまじく、ときに学生が吹っ飛ばされる。機動隊が催涙弾を使用すると、周囲は催涙ガスが立ち込め、目を開けていられない。

火炎瓶の直撃を受けた機動隊員は転げ回り、ほかの隊員が消火器で消し止める。激高した機動隊員は足蹴りはもちろん、ジュラルミン盾による殴打も辞さない。逃げ遅れたゲバ学生はジュラルミン盾の陰で袋叩きにされる。学生たちは機動隊のような防具を着けていないので重傷者も出る。逃げ遅れた機動隊員も、横倒しになったまま顔面などをゲバ棒で強打されている。双方まことに悲惨である。

このような攻防戦が繰り返されるうちにデモ隊の攻撃力が弱まり、体力と装備にまさる機動隊との間に数十メートルほどの間合いが開いた。と見るや、

「検挙!」

号令がかかり、機動隊は一斉に学生に向かって突進した。

余裕を得た機動隊は周辺状況の整理にかかり、私は機動隊員によって歩道橋の上から追い出された。

やがて、デモ隊は追い立てられ、新宿西口駅から山手線沿いに高田馬場を経て早大キャンパスへ逃れて行った。この結果、直前までマスコミによって盛んに報じられていた「自衛隊治安出動」の可能性は完全に絶たれた。

前述したように、三島由紀夫も同じ場所でこの状況を見ていた。三島は、機動隊がデモ隊を圧倒し、自衛隊の治安出動はなくなったと見てひどく失望した。

ところが、私が北富士の部隊に赴任してみると、驚いたことに特科部隊が砲兵の訓練を返上して治安出動訓練を行なっていたのである。このギャップに私はいささか戸惑った。

当初、私が所属した軽砲（一〇五ミリ榴弾砲）の第四大隊はジュラルミン盾を装備していた。普通科（歩兵）部隊の予備隊であったのかもしれない。隣の中砲（一五五ミリ榴弾砲）の第五大隊（BOC終了後、同大隊に異動）は一見、キャタピラ付きの装甲車に見える野砲牽引車を押し立てて訓練していた。

確かに首都防衛の第一師団隷下にあった北富士の第一特科連隊第四・第五大隊が首都の治安維持にあたるのは当然である。しかし、戸惑ったのは隊員の質と練度であった。

質と練度が、この目で見てきた機動隊のそれに格段に劣ることは明白であった。当時、第一師団は陸上自衛隊が慢性的欠員に泣かされている中で治安出動に備えて充足率百パーセントを満たしていたとはいえ、いや満たされていたがゆえに、その質は機動隊員とは比較にならないほど劣っていた。

警視庁機動隊員は大学卒も珍しくない。しかし、当時の私の部隊の隊員は高校卒で威張っているという状況であった。さらに砲兵は近接戦闘部隊ではない。砲兵が近接戦闘をやるときはわが陣深く攻め込まれての負け戦のときである。旧軍の教範のみならず、自衛隊の教範にもそのときは砲と運命をともにするとあった。

都心に所在した普通科連隊の質と練度は、特科連隊よりまさっていたのは当然であるにしても機動隊の実力を超えることはなかっただろう。それが当時の自衛隊の実情であった。

自衛隊の作戦はデモ隊に対し、催涙弾を撃ち込んで間合いを取り、楯を持った隊員が前面に壁をつくって前進しデモ隊を排除するという作戦であった。しかし壁を破られ乱闘になった場合、隊員がデモ隊を速やかに分離・排除できる練度にあるとは思えなかった。また楯や防護用ヘルメットの保有も十分でなかった。

自衛隊には戦車があるではないかと考える人もいるだろう。当時戦車はデモ隊に対し一定距離から急スピードで発進してきて、デモ隊前近距離で急停止して威嚇しデモ隊を押し込んでいく方法をとっていた。確かに迫力はあった。しかし向こう見ずなデモ隊に取り巻かれたら戦車は停止する以外にはない。もしデモ隊を戦車が引っかけただけでもメディアと世論は一挙に治安出動反対に傾いたのではないか。

歴史は下るが、武器を持たない市民に対して戦車が無力であることは、一九八九年の「天安門事件」をニュースで観て、はしなくも証明されたと感じた。

果たして治安出動した自衛隊はうまく任務を達成できるのだろうか？　機動隊の戦いの場と自衛隊の訓練現場を見た私には底知れぬ不安がわいてきた。

テイヤール思想と三島思想

昭和四五（一九七〇）年一月、安保闘争の状況を整理できないまま富士学校野戦特科幹部初級課程（BOC）に入校した。某教官（私の主任教官ではない）は入校したてのわれわれに、「BOC学生にもなって安保問題をうんぬんするのは……」という説教を横合いから入れてきた。おそらく私が幹部候補生学校で音頭をとって、学校史上初といわれた全校討論会を開催したことへの嫌味であろう。みんなの前でまさに冷や水を浴びせられた思いだった。とても激励の言葉とは思えなかった。「富士のかすみを食って生きてるノンポリ教官が何を言うか」と腹の中で思った。

この年の三月に富士学校で決起の構想を練る三島由紀夫と再会するが、それは次章に譲るとして、その前に自己研鑽に励んだ内容を書いておきたい。

当時、防大同期の森川啓二と内田政三も、幹部候補生学校卒業後、東京近辺の部隊に所在したことから、幹候同期生の中山隆司の紹介で、われわれは個人的にJ大学哲学科の江藤太郎教授に師事していた。江藤からフランスの思想家テイヤール・ド・シャルダンの「定向進化論」を教わり感銘を受けていた。

テイヤール思想は富士学校に入る以前から、三島思想は富士学校に入ってから本格的に勉強することとなった。つまり、二つの思想を並行して勉強することになったのである。三島思想は全共闘運動に対する日本思想の勉強であり、テイヤール思想は哲学界で当時はやっていたサルトルの実存主義に対抗するものであった。サルトルの思想は即物的、悲観的な思想であり、いわば人類が時間と空間を無目的に漂流しているというものであった。この思想は当時の刹那的な若者の思考に大いに受けるものであったが、同時に若者から未来に対する夢を奪っていた。

若者の未来への悲観に江藤は危惧し、人間の進化は無目的でなく目的性を持った「定向進化」であるというテイヤールの思想を説いた。その進化の先端は思考力である「精神圏」の誕生にあり、この「精神圏」は人類固有のものであることから人類は進化の最先端にあるというものであった。サルトルの思想に比べ若者の未来に対する夢を与えるものであった。

進化の向かうところをテイヤールは「Ω（オメガ）点」と言った。オメガ点は万物の収束点であると説いたが、それ以上のことは言わなかった。彼がカトリックの司祭であったことから、それはキリストを意味するものであることはわかった。しかし、江藤もテイヤール同様、哲学者としてそれには触れなかった（後年、江藤の葬儀に参列し彼がキリスト教徒であることを知った）。触れなくてもサルトルに欠けている「未来に対する夢」がテイヤールによって与えられた。このことに私は深く感謝した。

第五章　自衛隊は何を守るか

「任務至上主義はニヒリズム」

昭和四四（一九六九）年の「一〇・二一国際反戦デー」において左翼過激派デモが機動隊に鎮圧され、三島由紀夫が強く期待した自衛隊の治安出動は夢と消えた。

三島は一〇月三〇日に班長を自宅に集め「一〇・二一も不発に終わり、彼ら（過激派学生）の行動に対する治安出動もなくなった。楯の会はどうすべきか」と皆に問うたことはすでに書いた。

「楯の会と自衛隊で国会を包囲し、憲法改正を発議させたらどうだろうか」という森田案が伏流となって推移する中、三島は翌四五年四月五日に小賀正義《こがまさよし》、同月一〇日に小川正洋《まさひろ》をのちの三島事件の同志に入れた。小賀には帝国ホテルのコーヒーショップで行動へ踏み出す決意を打診し、小川は自宅へ呼び最後まで行動を共にする決意を確認した。

その後、五月中旬頃、三島は三人（森田、小賀、小川）に自衛隊を決起させるクーデター構想を明らかにしたが、内容が固まるまでには至らなかった。

六月になり、自衛隊のクーデター構想は断念され、自衛隊に頼らず自分たちだけで決起する構想に落ち着いていった。ただ、一一月二五日の東部方面総監人質事件と「檄」の内容に見られるように、たとえ一人でも自衛官の中に、自衛隊を国軍とし憲法を改正することへの同調者を得ることに一縷の望みを抱き、自衛官を集合させ、クーデターの決起を呼びかけようとした。最終的に自衛隊をクーデターに決起させることを諦めたのは七月五日である。

私は三島・森田の主導するこのような企てをまったく知らないまま三島の懐へ飛び込んでいった。昭和四五年三月初旬、三尉任官とほぼ時を同じくして三島と再会し、以来一〇月一八日まで計四回、三島と会合を持った。

同年三月二日と二四日、四月一一日、そして最後の一〇月一八日である。ほかに、九月初旬、今野に託した三島宛の私の手紙に関して、三島からの希望で九月二三日に行なわれた極めて重要な電話でのやり取りがある。

三月の再会は、前年七月と同じく、まったく偶然であった。私はこの年一月から富士学校にある野戦特科幹部初級課程（ＢＯＣ）に入校していた。この月、滝ケ原では、楯の会最後となる第五期生の体験入隊とリフレッシャー訓練が行なわれていた。そこで三島と三度目の出会いを果たしたのである。

富士学校から滝ケ原分屯地の普通科教導連隊までは、今は公道を歩いて四〇～五〇分かかるが、そんなに歩いた覚えはない。せいぜい一五分程度であったと思う。間道があったのかもしれない。普通科教導連隊で三島の所在場所が第四中隊長室だと確かめた。何人くらいで訪ねたかはしかと覚えていない。すでに幹部候補生として二か月の隊付き教育を積んだわれわれは、防大生時代と違い、三島に会うと呼びかけても浮かれる者はいなかった。知らぬ顔でいた者も結構いた。だから、同行者は三〇人中七～八人であったろうか。

第四中隊長室で三島との歓談が始まった。ここで注意してほしいのは前述したように、この時点で三島は自衛隊とのクーデター案を否定したわけではなく、おおむね森田案が彼の胸の内で伏流となって推移していたらしいということである。そのとき三島がどの程度自衛隊の幹部候補生を意識していたかわからなかったが、その中へわれわれは飛び込んだのである。

三島は例によってピース缶から煙草を抜き出して火をつけた。ひと息吐いたあと、われわれに対し、諄々《じゅんじゅん》と説くように、ときには遠慮会釈なしにストレートに話した。

三島は「建軍の本義」から話し始めた。多くの者は聞きなれない古めかしい言葉を使うんだなと感じたと思う。防大の講義や指導教官によるガイダンス（訓話や学生間の討論はそう呼ばれた）の中でこのような言葉は聞いたことがなかった。

三島は「建軍の本義」として自衛隊は「国体を守る」と位置づけ、「政体を守る」警察と区別した。ここまでは容易に理解できた。さらに三島は、軍は守るべきものの中身を問うと形式論から本質論へと話を発展させた。

中身とは、国家は「時間の連続性、すなわち歴史」に存し、「この連続性は天皇の存在により保証されている」と続けた。そして「このような時間軸を持った国家、すなわち天皇を戴く国家を守るのが『建軍の本義』である」と言い切った。そして、「時間すなわち歴史を考え、日本人とは何かを考える必要がある」「ここに求める国家像が得られる」と続けた。

ここで「ついて来られるか」というようにぎょろりとみんなを見渡した。

三島はいきなり問題の核心に入ってきた。みなは凍りついたように静かであった。なぜなら、われわれ防大卒業生は「天皇論」についてまともな教育など受けたことはなかったから、受け答えができなかったのである。いささかみなの先を歩いていたとはいえ、私の天皇論もまだ熟してはいなかった。

われわれはひたすら聞き役に回った。防大で議論したことがないのであるから、国を守ることと天皇の問題を結びつけて考えられた者がいたであろうか。

学生時代、私は三島の『文化防衛論』を読み解こうと努力した。難解だったが、三島本人の口から聞くと「建軍の本義」は、結局「天皇を守る」ことだとすんなり理解でき、話に引き込まれた。さらに解説が聞けると期待して、場を盛り上げるいつもの役回りは避けて聞き役に徹した。

三島はすでにわれわれ若輩の理解度を推し量ってか、やさしい言葉で言い換え、いろいろな事例を持ち出して話を継いだ。

「国家、とくに先進工業国家の未来を思うとペシミズムに陥らざるを得ない」

「たとえば、今日『管理国家』の問題がある。人間は死ぬとき、自分より高いものに身を捧げようとする。しかし、今の日本に、われわれの精神を捧げようと思う、より高いものがあるだろうか」

「諸君らの領域で言えば、『軍の近代化』を具体的問題と考えてよいだろう。軍の近代化は、このような精神の高みの問題につながらない。なぜなら、軍の近代化は、軍の官僚化、パブリック・リレーション（広報）および軍人の技術化を意味する。軍の官僚化が問題であることは言うまでもない。パブリック・リレーション、すなわち広報の重視は民意の獲得と聞こえはいいが、民意へのおもねり（今日の言葉でいえばポピュリズム）と紙一重だ。軍人が技術者化することは民間技術者との差がなくなることを意味する。これは技術職種にある軍人のみの問題ではない。全軍種にわたる軍事技術の高度化は全軍人の技術者化を意味する。そしてこれは休みなく続く」

私は納得した。わかりやすい話だからみなも理解できたであろう。では、どこに「魂のありか」を求めればいいのか。私は思い切って尋ねた。三島の答えは何かを断ち切るように厳しかった。

「国家を殺す現憲法の中に魂の根拠はない」「各自の心に求めねばならない」

三島は煙草をひと息吐くと続けた。

「日本人が歩んできた道が絶たれた。敗戦で魂が抜かれた。剣道の裂帛《れっぱく》の気合いが、占領軍に禁止されている間に日本が断たれた」「剣道が復活したとき、単に元気がよいというように、中身が変わっていた」

そして、締めくくるように三島は言った。

「日本人とは何か、日本とは何かをよく考え、日々の訓練がどこで日本とつながるか、みなさんは考えてほしい」

続いて言った三島の最後の言葉にわれわれは度肝を抜かれた。

「任務至上主義は、ニヒリズムである」

われわれは衝撃を受けた。自衛官は任務を与えられたら、それを遂行するという教育を防大時代から受けており、それを疑ったことがなかった。防大一学年では、「文句はやってから言え」と、生活指導を担当する二学年から入校早々指導された。本格教育に入り、戦術においては「任務第一」を重点的に教育されたから、これがニヒリズムだと言われるとは思いもしなかった。

しかし、三島がどういうつもりでいったのか、なんとなくわかった。三島はみなに既成概念を打ち破ることを示唆したのであろう。あとになって、この感想は、三島が決起の「檄」に「諸官は任務を与《あた》へられなければ、何もできぬといふ」と記した言葉で裏付けられる。「建軍の本義」と「任務至上主義はニヒリズム」という三島の主張に私は感銘を覚えた。国軍とは言えない自衛隊に不満を持っていた私は、自らの心の中に憲法改正の信念の根をさらに広げた。

「少尉」任官直前に三島を訪ねる

次に三島に会ったのは三週間後の昭和四五年三月二四日であった。「楯の会」五期生の体験入隊の終わりの頃である。このときも私は仲間と共に仕事場にしている中隊長室に三島を訪ねた。

実は三島と会う翌二五日が任官日にあたっていた。私は三尉より少尉という国軍としての呼称に断然あこがれていた。いよいよ少尉になるのである。

二四日の自習時間に三島に会いに行くが、少尉になるのはその数時間後である。そのままでは以前と同じ幹部候補生の階級章のままである。肩章の将校（幹部）と襟章の幹部候補生の階級章の差は歴然としていた。この視覚差を三島へのインパクトに利用しようと考えた。そこで、あえて服務規律違反を同行する者に呼びかけた。

「おい、数時間早く自分たちの手で任官しよう！」。みんなは賛成した。

作戦は見事にあたった。三島は見るも珍しい新品少尉たちの来訪を喜んだ。前回と同様、三島は中隊長室を使っていたので、ほかに誰もいないはずだが、「楯の会」のメンバーが部屋を訪れていたのか、三島が「この人たちは新任の将校さんだよ！」とあのガラガラ声で私たちを紹介した記憶がある。そのまま楯の会のメンバーが同席したかもしれないが、彼らが発言したという記憶はない。

その日は三島が本心をかなり話してくれるようになったのを感じた。私は三島の『文化防衛論』中でも彼の思想・信条をかなり把握したつもりで、三島思想を次のように理解していた。

三島の天皇論、国体論は、日本固有の伝統や文化を強調した独自のものである。三島の規定する天皇は文化概念の天皇である。天皇と軍隊との関係も旧軍のような統帥権はなく、軍旗を授与し、栄誉を与えるだけである。憲法改正もこれ以上のものではない。他方、言論の自由、議会制民主主義を擁護している。これはごく穏健な主張であると思えた。

しかし、どこで齟齬があるのかと思うほど、実際に聞く三島の天皇論は厳しかった。まさに二・二六事件の磯部浅一《いそべあさいち》のごとく、三島の中にあっては、天皇は神でなければならぬというものであった。これには驚きを隠せなかった。

仲間の一人が勇気を出して三島に尋ねた。

「天皇が神でなければならないというのは、『人間宣言』が間違っていたということですか?」。三島の『英霊の声』には「などてすめろぎはひととなりたまいし（なぜ天皇陛下は人間になられたのですか）」という有名な呪詛《じゅそ》の一節が出てくる。

三島は彼の質問には直接答えず、「皇太子殿下（のちの天皇、現上皇）は私が怖いらしく私に会おうとなされない」と明かした。三島は皇太子殿下にご進講をしたいようであった。

三島はわれわれの驚きを見透かしたように、一服つけて間合いを置き、話を続けた。彼は友人の丸山明宏（美輪明宏）の話を持ち出した。今でこそテレビによく出る黄色い髪の有名タレントといえばわかるかもしれないが、私たちは誰も知らなかったと思う。三島は、彼が神がかりのような話をすると続けた。私たちは好奇心をくすぐられ、話に引き込まれた。

昭和四五年一月一日、三島宅で開かれた新年会に招かれた丸山が「三島さん、あなたの後ろに人影が見える」と言った。「どんな人影か？」と三島が問うと、丸山は「二・二六事件の関係者らしい」と答えた。三島はその関係者の名前を片っ端から挙げて行き、「磯部浅一か？」と言ったところで、丸山は「それだ！」と答えた。

このエピソードは表現が幾分違うが、何冊かの本でも紹介されており、丸山の答えを聞いて三島の顔色がサッと変わったとか青ざめたと記述されている。三島は磯部浅一の影を見たのであろう。三島の筆を借りての磯部の呪詛のすさまじさは『英霊の声』の全編に満ち溢れ、「などてすめろぎはひととなりたまいし」がリフレインされる。

しかし、私たちにこの話をしたときの三島は、その影の正体を私たちに明かしながらも、丸山の答えを聞いて顔色が変わったとは言わなかった。その代わり三島は「それはちょうど都合がいいと笑い飛ばした」と言っていつもの哄笑をした。三島の大笑いにつられてみんなも笑った。

私も一緒に笑ったものの、『英霊の声』の呪詛と磯部浅一を知る私にとって、三島自身が顔色を変えたと伝えられるように、その後味はよいものではなかった。むしろ背筋に悪寒が走るものであった。しかし、この頃すでに死を決していた三島にとって磯部はもう自分を脅かす影ではなく、ひたむきに死に向かっていく自分そのものへと転じていたのであろう。

ところで、『文化防衛論』に描かれた文化概念の天皇像とこのとき三島が口にした神でなければならぬという天皇像は、最近ようやく理解がいくものとなった。三島は人間宣言した天皇であろうともそれまで同様、日本の中心であるべきと考えていたからではないか。というのも、『二・二六事件─獄中手記・遺書』の著者の河野司が三島と対談し、「将校たちは、はたして天皇陛下万歳と絶叫して死んだだろうか」と尋ねると、三島は「君、君たらず、ともですよ。あの人たちはきっと臣道を踏まえて神と信ずる天皇の万歳を唱えたと信じます」と答えた（村松剛『三島由紀夫の世界』）といわれている。

「君たらずの君」は、人間宣言をした昭和天皇であり、三島事件のときの天皇でもある。したがって、「などてすめろぎはひととなりたまいし」という呪詛も、同じく臣道を踏まえて「日本の中心たる天皇」と信じた三島の天皇観と矛盾しないのではないだろうか。

「未来」という言葉を嫌った三島

さて、この夜、私の手記には勉強途上のテイヤールの哲学思想を中途半端に三島にぶつけて苦もなくひねられたことが記してある。

三島の『文化防衛論』も難しかったが、テイヤールの「定向進化論」も難しかった。江藤に毎月師事しただけ後者の吸収が早かったが、江藤への師事は途上にあった。ここにこの日の落とし穴があった。

この日、私は相槌を打ったり反論したのではなく、三島にテイヤールの思想について感想を聞きたく、主動的に話を持ち出したのである。三島はおそらくこの思想を知らない。私に悪気はなかったが、無謀にも三島を試すかたちになった。しかし、思想の問題は三島の土俵であることを失念していた。さらに前述したように私はテイヤールを咀嚼《そしゃく》できていなかった。そこで長い話を滅茶苦茶に端折《はしょ》って三島にぶつけた。あがってしまいどう質問したかはよく覚えていない。

気がついたら三島に大笑いされ、「そんな神話ならアフリカの土人の部族でも持っている」と馬鹿にしたように言われた。まったく遠慮会釈のない批評を返されたのである。

そのとき、かくも辛辣な批評を返された理由がよくわからなかった。ただ、自分の議論が整理されていなかっただけだ。あの場では、私が学んだテイヤールはサルトルの対極として若者に未来を示していた、とだけ簡潔に紹介すればよかったのだ、と反省した。しかし、三島思想の理解が進むにつれて理由がわかった。

私は三島に対する質問の中でテイヤールがしばしば使う「人間の未来」という言葉を使った。「未来」という言葉は三島が最も忌み嫌った言葉であり、それを使ってしまったのである。三島が「未来」という言葉を嫌ったのは革命勢力が彼らの言うところの「よりよき未来」を約束することによって、伝統の高貴を踏みにじり、文化の成熟を否定し、かけがえのない現在をすべて未来の革命への過程に転嫁しようとしていると考えたからである。そのような革命勢力は、遠間には国際共産主義運動、近間には全共闘のゲバルト闘争を指していた。

思うに、三島は未来論のすべてを否定していたわけではない。三島も思想に重要な要素として時間軸を設定していた。先にも書いたように、三島は私たちに「（国家は）時間の連続性すなわち歴史に存し……」と述べている。三島は常にかけがえのない現在、すなわち天皇を中心とする歴史と文化と伝統が未来へ継承されることを期待していたはずである。実際、時間軸というものは否定できない。

後日、このことについて、四月一二日（後述する三島邸訪問の翌日）の勉強会で江藤は驚くべき解説を聞かせてくれた。前述したテイヤールのΩ（オメガ）点は天皇に似ており、日本民族の特性、心情的共感、文化共同体観は未来の人類の共同体観に似ていると。これを聞いて、私は三島とテイヤールの二本立てで自分の日本思想を確立できたと信じた。しかし、三島に大笑いされたことがトラウマとなって二度と三島の前でテイヤールの話は出さなかった。私が三島思想とテイヤール思想の二枚バネに支えられていることを自覚していればよいのだから。

この日、私の議論を大笑いした三島は、それでも最後に癒すがごとき心遣いをみせてくれた。一つは、私たちを自宅に招いて、「ゆっくり継続的に話をしよう」と約束してくれたことである。そして、名刺と最寄駅から自宅までの地図を渡してくれた。このときの名刺と地図はいまも手元にある。

もうひとつは、退室する際に「これはとても良い本だから皆さんで読んでください」と私に一冊の本を差し出したことである。それは村上一郎の『北一輝論』であった。当時、この本は三島が要所へ配っていたものであった。

平成三〇年、三島由紀夫研究会の玉川博己代表幹事にこの話をしたら、「西村さんももらったんですか、たいしたものですね」と言われた。この本も散逸せずに私の手元にある（私は志が穢《けが》れると思い、三島にサインや揮毫をねだったことはない。しかし、三島から自発的に贈られた本書は、後述するよう私の思想形成に大きな影響を与えてくれた。いまも三島の形見と思って大切にしている）。

三島が「自宅でゆっくり継続的に話をしよう」と呼びかけてくれたこと、村上の本を手渡して読むように勧められたことから確実に関係は一歩進んだと私は感じた。しかし、こちらから主動的に何をどう進めるかは相手が大物すぎて具体策は浮かんでこなかった。ともかく三島の呼びかけに応じて行動しよう。青年将校は最悪の状況戦術（状況に応じて判断・行動するといえば聞こえがいいが、実際には状況に振り回される）に陥っていた。

すでに、三島は森田とともに決起へ向かって疾走を始めようとしていた。はたして私たち青年将校は思想の共鳴者としてビルトインされようとしていたのであろうか。

「自衛隊は何を守るのかね」

三島氏からいただいた『北一輝論』は、青年期の人格形成に大きな影響を与えた。円内のメモ書きは筆者が当時記したもの。

昭和四五（一九七〇）年四月一一日、われわれは三島邸に招待された。私はできるだけ多くの者に三島と会う機会を持ってもらい、継続的に三島と話のできる人間を増やそうと富士学校のみならず東京近郊に所在する同期生に呼びかけた。それがまた三島の利益になるとも考えたからである。集まった人数までは確かな記録も記憶もない。しかし、一〇人ほどではなかったか。

防大の学生時代以来、私は帰省時を除いて常に制服で行動していた。

だからこの日も制服姿で三島邸を訪問したが、ほかに制服の者はいなかった。将校になれば外出時の制服着用は義務付けられていない。だから私の制服着用は好みの問題であったが、私にとってはそれだけの意味ではなかった。私の制服着用は「リーダーここにあり」の目に見えるサインを意味した。私の制服姿を見て三島はにっこりうなずいた。

前述したように三島は、四月五日に小賀正義、同月一〇日に小川正洋を同志に加え、最後まで行動を共にする決意を確認していた。とくに私たちが三島邸を訪れた四月一一日は三島が小川を同志に加えた翌日であった。この日、三島はどういう気持ちで私たちを迎えたのであろうか。

三島の私たちに対する考えはまだ固まっていなかったのかもしれない。三島は今日のところは青年将校たちの歓迎会とばかり贅を尽くして歓待してくれた。二階の洋間に酒席が設けられ、大盤振る舞いの中華料理が出た。私は、酒はたしなまないものの、その料理を楽しみ、豪華な部屋の内装に感心した。しかし、宴席を通じて、疾走を始めた三島の心情を垣間見せるようなものはまったく感じられなかった。

その日の私の手記には、何かほのぼのと幸せな気持ちに包まれたことが記載されているが、具体的に何を話したかは残っていない。二週間前に自宅へ招いて、ゆっくり継続的に話をしようと約束してくれたその第一回目だから焦ることはない、とゆったり構えていたのであろう。

三島邸をあとにするとき、三島がうなずくようにして見送ってくれたのがうれしかった。自分がリーダーであることに満足感を感じた。しかし、実は、三島邸における私はいささか鈍感であった。

森川の記憶によれば、三島は酒を注ぎながらポロリと「自衛隊は何を守るのかね」とみんなに問うていたのである。私の記憶にはなかったが、三島はそれとなくわれわれ青年将校を試していたのだ。

森川は酒に強かったうえ三島と馬が合ったらしく、初対面にもかかわらず三島がそばを離れなかった。紹興酒にザラメ糖を入れる飲み方や、蟹は切っても血が出ないから嫌だなどの話が出たという。

その雑談の端々に三島から「自衛隊は何を守るのかね」という意味の質問が出た。森川も私や内田と共に自己研鑽を続けていたので、ほかの同期生よりもこの種の問題に対する意識は一歩進んでいた。しかし、森川は三島の問いに持ち合わせているものがほとんどないと気づいた。「国家です」と答えたものの、心の中ではその答えが空疎であると自覚していた。三島は森川の心の中を見透かしたように、その答えにうなずいただけで訂正したり自身の意見を述べたりすることはなかった。

そここで談笑の合間に同じ情景が繰り返された。仲間の笑顔が消えるのである。みな三島の不意打ちを予想していなかったようであった。

いま森川は、あの日を振り返り、三島が何度も問いかけたのは、防大で教えられていた政治学上の国家の概念である「主権、領土、国民」と、三島がのちに「檄」で示した「生命以上の価値ある所在、すなわちわれわれの愛する歴史と伝統の国日本」がどれくらいオーバーラップする（重なる）か、青年将校たちに確かめたかったのだろうと推測している。

三島の質問に対する森川の答えは不十分だったものの、三島がオーバーラップの程度を確かめたかったのではという森川の推測は当たっている。森川は私とは職種（兵科）が違って施設科（工兵）だったので、富士学校には入校していなかった。だから、三島の「建軍の本義」に関する話は聞いていなかった。そのため、守るべきは国家であるとは答えたものの、心の中ではその答えの内容に、三島が期待したオーバーラップがなく空疎なものであったと気づいていたのである。

この日、森田必勝が初めて姿を現したのに軽く挨拶をしただけで、何も話さなかったというのも迂闊であった。ただし、迂闊であったというのは後知恵である。当時、三島との付き合いは何度目かになっていたが、楯の会のことをよく知らない私は、森田が楯の会学生長で三島の右腕だということを知らなかった。そのときにも三島が森田について詳しい紹介をしたわけでもなく、森田が自己紹介をしたわけでもなかった。森田が沈黙を守り通したものだから、私は森田が礼儀上、三島の横にただ侍《はべ》っているだけと思っていた。まして二人が車の両輪のごとく決起に向けて走り出しているとは知らなかった。だから、森田について三島と同様に知らなければならない存在であるとは気づかなかった。そのため森田の印象はほとんどない。顔さえおぼろげだった。彼の視線がどこを向いていたかも覚えていない。

考えてみれば、森田は三島より早く死の疾走を始めていたのである。ひと言も発しなかったので、森田の胸中はわからなかったが、この時期、自衛隊とともに国会を占拠するという森田のクーデター案は三島の中に伏流していた。前述したように、作家・中村彰彦は、森田必勝の評伝で「三島が四五年五月中旬までの約半年間、必勝の案に内心賛同していたことは明らか」(三島事件もう一人の主役』)と述べている。さらに小賀と小川を戦列に加えたばかりである。

記録に残る森田は陽気で人懐っこい。通常であれば三島と青年将校の酒盛りに居合わせたら目立たないわけがない。私は飲まなかったが、むしろ場の雰囲気に陶然としてみんなの中にいた。したがって、森田も近づきにくいはずがなかった。たまたま私が森田と話さなかっただけで、ほかの仲間とは話をしたのか尋ねると、森川、内田、柳澤寿明、青木吉典のいずれも話をしていないと答えた。とくに同行した同じ特科BOCの柳澤は、私の質問に対して、「三島が楽しそうに話していたのに森田は暗い印象でひと言も話さなかった」と述べている。

その場に一緒にいたほかの仲間の名前は思い出せないので確かめようがないが、おそらく森田はわれわれの様子をただ見ていただけと考えてよいだろう。話が飛ぶが、最後に三島・森田と会った一〇月一八日も森田は何も発言しなかった。

森田は三島の影になっていたのではないか。何も知らず、最後に三島の懐へ飛び込んできた青年将校を醒《さ》めた目で見て、あとで三島に所見を述べたのかもしれない。

危惧は的中した

この日の三島邸訪問は、全般的に満足できるものであった一方で、一つの危惧も持った。満足したというのは、三島の「自宅でゆっくり継続的に話をしよう」という提案が心温まるもてなしにより無事にスタートしたことであった。

危惧したのは訪問希望者が雑多に膨れ上がり、三島も私も話の焦点を絞り切れず、雑談に終始したことである。さらに三島が酒席の合間にポロリポロリと試した「自衛隊は何を守るのかね」という質問に多くの者がうまく答えられなかった。その結果、烏合の衆の醜態をさらし、三島を失望させたのではないかという危惧であった。

思い起こせば、帰り道、森川はこの日の三島の招待の狙いは、自衛隊の青年将校が何を考え、何を目指しているか、そして、どれほどのものかを確認したかったのではないか、と言った。森川の分析は実に鋭いものであった。彼はこの話で私の楽観論の部分を共有しようとしたのかもしれない。しかし、私は彼の分析を聞いて、森田・三島が青年将校頼むに足らずという認識を持ったのではないかという危惧を一層掻き立てられた。

危惧は的中した。三島は「自宅でゆっくり継続的に話をしよう」という約束を、たちまち破った。翌五月、日にちは定かではないが、次のアポイントメントを取ろうと電話したところ、三島は小説の構想で非常に頭を痛めているときだと言った。小説の構想といえば、『豊饒の海』の第四巻『天人五衰』のことだったかもしれない。小説の大家が「頭が痛い」というのだから大変だなあと思いながら、それ以上、何も言えず、アポイントメントを取ることを先延ばしにした。しかし、この延期は意味をなさなかった。

三島は五月中旬、森田、小賀、小川を自宅に呼び、決起の計画を告げていたのである。いまだその具体的方法については、三島自身も模索している状況にあったが、三人に「楯の会と自衛隊がともに武装蜂起して国会に入り、憲法改正を訴える方法が最も良い」旨をもらした（『裁判記録「三島事件」』）。「もらした」という表現はどうであれ、これは三島が放った号砲であった。

もちろん、この号砲を私は知らなかった。しかし、継続的な会合の申し入れは仕事で頭が痛いという理由で拒否された。私はこの理由は言い訳で、四月の危惧が的中し、相手にされていないのではないかと不安に思った。

やはりそうらしいということが翌月の電話でわかった。三島の電話の声は最初からビジネスライクで冷たかった。三島は七月の「楯の会」の体験入隊は都合で取りやめたと言った。何か異変が起きたのかと思った。驚いて言葉を失っていたら、「何か御用ですか、私は今から取材旅行に出かけるんです！」とイラついた声が聞こえた。何か御用はないだろう、と思ったが、次の約束を取る雰囲気ではなかった。私は「お急ぎのところ失礼しました。お話はまたにします」と言って電話を切った。汗が噴き出た。これがあの三島かと裏切られた気持ちになった。そう感じたのは当然であった。六月、三島はついに自衛隊を見限っていたのである。

第一章で述べたように、六月一三日、三島はホテルオークラ八二一号室に森田ら三人を呼び、自衛隊は期待できないから、自分たちだけで計画（自衛隊の弾薬庫占拠など）を実行することを伝えた。最終計画では総監拘束案となったが、三島はさらに各自よく具体案を研究するよう指示した。

次いで、六月二一日、三島ら四人は、山の上ホテル二〇六号室に集合した。その際、三島は市ケ谷駐屯地内のヘリポートを「楯の会」の体育訓練場所として借用することに成功したが、総監室はそこから遠いので、拘束の相手を総監に次ぐ者として第三二連隊長にし、武器は日本刀、搬入する自動車は小賀が免許証を所持していることから購入準備し、日本刀は三島が搬入するとの提案がなされ、全員これに賛同した。

これでは青年将校に対する期待も何もなかったであろう。当時の流行語にあるように、われわれは「お呼びでない」のであった。危惧は見事に的中していた。

そんな計画が進んでいるとは知らない私は、三島は執筆や取材で忙しいのだろう、電話をかけるタイミングが悪かっただけかもしれないなどと思いなおしていた。ほとぼりが冷めた頃、あらためて電話すればいいだろうと考え、しばらく無為に過ごした。しかし、どうしても裏切られたような悔しさは消えなかった。

第六章　「直接会って話をしよう」

大作家にぶつけた手紙

そもそも、「自宅でゆっくり継続的に話をしよう」と言い出したのは三島ではないか、それをたった一回の会合で手のひらを反すような態度をとるとは何ごとだ、という憤りが徐々に生まれてきた。やがて、よーし今度こそは真っ向勝負だ。赤誠《せきせい》を見せてやるから赤誠で返せ！と心で叫んだ。私は、この覚悟を深く心に刻んだ。

そこで今度は烏合の衆の態をさらさぬよう行動する同志を幹部候補生学校以来の五人に絞った。しかし、三島らの疾駆を知らないこの五人が作戦会議のため一堂に会したのは盆休みを利用した八月一五日頃であった。われわれは三島との連携を極めてまじめに考えていたが、三島に伍していける切迫感がなかった。この間にも、三島らの計画は着々と進んでいた。

七月五日、三島は山の上ホテル二〇七号室で当面の同志三人に対し、「行動計画」を明らかにした。それは、楯の会会員である学生らが市ケ谷駐屯地のヘリポートで訓練をしている間に、三島が小賀の運転する乗用車に日本刀を積んで、第三二連隊長室へ赴き、連隊長を監禁することと、決行は一一月の例会の日（二五日）とするということであった。

七月一一日、小賀は三島から渡された現金二〇万円で白のコロナ（トヨタ）を日本刀搬入用に購入した。

七月下旬および八月下旬、三島らはホテルニューオータニのプールサイドでの会合で相談した結果、行動を共にするものに古賀浩靖を加えることとした。九月一日深夜、森田は古賀を行きつけのスナックに誘い、計画を説明した。古賀はこれに賛同した。

ほぼ同じ頃、われわれ五人は鳩首《きゅうしゅ》会議を開いた。まず、三島をわれわれの行動の中に組み込むこと、すなわち、われわれが主体性を保持することを確認した。これは主動的行動を旨とする軍人の当然の思考であった。とはいうものの民間防衛隊「楯の会」を創設し、これを維持・運営している偉大な三島をうならせる案は誰も思いつかなかった。われわれは常識的と思われる案に落ち着いた。「軍民会合」と名づけたもので、われわれ自衛官と民間有識者や同憂の士を結びつける討論会であった。私が司会をし、三島を顧問格で迎えたかった。

次に、私の言う赤誠を三島に伝える方法は、私が三島に手紙を書くこととなった。その内容は一任され、八月下旬に書いた。その時点で、ものおじする気はなかった。加えて三島の電話での応対ぶりからダメ元は覚悟の上であった。

しかし、赤誠は通じた。まさに赤誠の返答が返ってきたのである。まずは私が出した手紙の内容から述べる。

その手紙はいわゆる三島事件後、警視庁公安一課に押収され、そのせいで事件後、私は事情聴取のため虎ノ門会館へ呼ばれた。手紙は平岡（三島）家へ返されたのであろう。私の手元には帰ってこなかった。しかし、下書きが残っていたので、ここに全文を掲載する。


拝啓　富士の山麓で、入梅以来の山霧を食って生活をしていると、いつの間にか夏は終わりに近づきました。今年ほど夏を意識しなかった年は初めてです。週末には、例によってよく東京へ出ますが、そこで初めてこの避暑地のありがたさを感じます。

先生も相変わらずご多忙のご様子、お仕事の進展と判断し、お慶び申し上げます。

一月以来の八か月にわたるＢＯＣ生活もあと数日をもって終わり、八月二一日以降封筒裏書の原隊へ復帰します。

防大以来五年余にわたる長い付き合いの同期生は、全国へ散らばって、ＡＯＣ（幹部上級課程）までの四〜五年ご無沙汰となります。

ほとんどのものは、長途赴任のため荷造りに大わらわですが、私は原隊まで車で二〇分という所なので、迎えに来たジープに積み込むだけの軽い準備で済んでいます。

私の帰る北富士部隊は、北富士演習場が数十人の農民によって機能停止に陥っているわけです。おとなしい自衛隊もいよいよしびれを切らしたようで、演習場の強行使用に踏み切るとか否とか。これを聞いた対象勢力は座り込み小屋を空堀と鉄条網によって強化しており、秋を待って風雲乱れ飛ぶ感ありといったところです。

さて、以前より先生のもとへお伺いしては、駄弁を弄しておりましたが、私の意図するところが、何とか防大卒の意識が高まり、真の国軍建設の人材がより多く生まれ、かつ、軍民分離した体制が是正されることにいくらかでも尽力したいというところにあるのはご承知のことと思います。

最近、この問題の解決の一歩として次のようなことを考えておりますので、非才を顧みず提示申し上げ、先生のご高見ご協力を賜ることをお願いいたしたい所存です。

こういう問題の私なりの解決を図ろうとするとき、私の防大生としての経験から最も問題になるのは、一般大学の学生と防大生との問題の把握の違いということです。

端的に言うならば、防衛の問題を考えるとき、最初に問題になり、そして結局、最後まで問題になるのは「国防」というが「国」とは何かという問題です。そして、防大生一般と防大卒の青年将校の意識においては、実はこの問題に対する認識がほとんど欠落しているといえるのです。

そもそも、国防を意識して防大に入校するものは一割にも満たぬ現状であり、かつ入校したとたんに「国とは守るべきものである」という具合に、この問題は飛躍してしまうのです。

すなわち、国なるものは確かに実在する。実在するがゆえに個人は「国とは何か」「国を守るとは何か」を意識する。しかし、防大生の場合、多くがこれらの問題を意識する前に「国とは防衛すべきものだ」という結論へ一足飛びにとびこしてしまい、一般大学生に見られる個と全体の相克が意識下に埋もれてしまうわけです。この恐るべき相克を何の苦痛もなく飛躍してしまう超論理の世界は考えてみれば恐ろしいものです。

したがって、ここ数年問われてきた学生運動についても、防大生の多くは、同世代の人間として心情的に理解できても、合法性の立場から否定するというわけです。この問題は申すまでもなく、心情的や合法的では済まされない根源を持っています。

しかし、人間の実在そのものに訴えかける重みをもちながら、大方の愚なる大衆の意識にはかからないように、防大生の意識にもかからないのです。大衆は愚で済ませましょうが、防大生のレベルが世間並なのは実に悲しむべきことです。

この原因は前述したように、結論と前提の逆転した意識にあると思うのですが、この問題が実は大問題だと意識されないのは、そのほかに原因があります。

私はこれを「外との精神的隔絶状態」と思っています。防大の環境が世間の思想の嵐を遮って、その生々しい実体はマスメディアを通じることにより、退屈さを晴らす戯画と化してしか伝達されないわけです。

この不幸な状態を断ち切るために、個人の内発的な外へ向かっての行動が始まり、これが外からの啓発と共鳴したとき、初めてこの行動が生き生きと息吹くものであり、防大卒をして問題の渦中へ投げ込んで意識を高め、国防の何たるか、軍人の何たるか、そして人間の何たるかの問題へ導くものと思います。

しかし、私は自衛隊に加えられる思想攻勢のうち、左からの攻勢はそれほど怖いとは思っておりません。なぜなら、現憲法による限り共産主義は憲法を楯として相対することができるからです（注：この一節は明らかに三島の『反革命宣言』に反するが、私には当時の保守勢力が革新勢力に敗れることは、事実上考えられなかった）。

一番怖いのは、「小西事件」（注：一九六九年、反戦自衛官小西誠が治安出動訓練を拒否した事件）が「べ平連（ベトナムに平和を、市民連合）」（注：ベトナム戦争に反対する反米運動）のような「草の根民主主義」と呼ばれる極めて現憲法の理念に忠実で、その理念にのっとって展開される運動と結びつく情況であると思っています。

なぜなら、「現憲法に忠実であるのは政府なのか、われわれなのか」「いったい、自衛隊は誰に銃を向ける気か」とせまられたとき、合法的根拠はまさに逆手をとられるからです。

右からも左からも戦後民主主義の虚妄が指摘されるとき、憲法を背景にした防衛論争は、自衛隊にとっては敗北か、さもなくば国軍とは程遠い現状を維持し続けるだけだからです。いずれにせよ、現下自衛隊の精神的情況が救われるとは思いません。

このような思想攻勢に対しても、今までそうであったように組織の硬直性が自衛隊を救うことでしょう。しかし、それでは防大卒の多くが望んでやまない名誉ある国軍へ行きつくことはありますまい（この辺のところが、また意識されていないのも重大な問題です）。

現下の急務は、学生運動によって胎動を始めた、いくらかの防大卒の意識に対して、外から連続的に啓発を与え連携を図ることです。私の任務はこの橋渡しだと思っています。

以上のようなわけで、夏休み明けをめどに何らかの形でこの連帯を始めたいと思っています。防大卒と楯の会有志諸官、また憂国の諸氏を交えた会合を、まず意見の開陳というようなところから始めたいと思っています。そこで、先生の名実ともにのお力添えを願いたくご出馬をお願いする次第です（今野からもお願いが行くと思います）。

企画素案

日時：九月二三日（水：秋分の日）、時間（省略）

場所：（省略）

仮テーマ：自主防衛について

形式：数人のテーマをもとにディスカッション

出席者：前記（記録なし）

以上です。蛇足ながら、先生のご協力は同志結集に重大な影響を与えるものと判断し、心からお願い申し上げる次第です。

なお、私が防大卒の手前、この試みがあたかも防大卒中心のためのもののように書いてしまいましたが、主旨は軍民一体にあるわけです。

ご意見をお聞かせください。

（下書きは以上）

治安出動のための航空偵察訓練中の筆者。L-19観測機の後部座席に乗り郊外から都心への進出経路の写真偵察と、地上との無線連絡を行なう。当時は首都圏の自衛隊は治安出動訓練を実施していた。

「直接会って話をしよう」

手紙は楯の会出身の今野茂雄に託した。その足で私は九月一〇日頃までの約二週間、治安出動時の航空偵察訓練を受けるため宇都宮の第一飛行隊に赴いた。

他方、現時点（平成三〇年一一月二二日）での今野の記憶によると、彼は九月一七日に三島に私の手紙を届けたという。

そのとき、三島は手紙を受け取ると「わかりやすい内容だ」と言ったが、「もはや言論の時期は終わった。自分は執筆や出版で世の中に訴えてきた。今は実際に何をするかが非常に大事な時期なんだ」と私の提唱した軍民会合への参加を断ると同時に、二・二六事件の北一輝を引き合いに出し、「自分を置き去りにして、青年将校に勝手に決起されるのはごめんだ」と述べたが、何かを代わりに提案するそぶりはなかったという。

確かに、この時期の三島は決起へ向かってわき目もふらず着々と歩を進めていた。前述の『裁判記録「三島事件」』によると、七月五日にほかの同志三人(森田・小賀・小川)に伝えた「行動計画」は、最後の同志古賀にも伝えられ、九月九日に三島の計画は確定する。

この日、三島は銀座のレストランで古賀に会い「行動計画」を伝えた。それによれば、市ケ谷で楯の会会員の訓練中、三島が自動車で日本刀を搬入し、三二連隊長にその日本刀で居合いを見せるからと言って五人で連隊長室に赴き、連隊長を二時間人質として自衛隊員を集合させ、われわれの訴えを聞かせる。隊員の中に行動を共にする者が出ることは不可能だろう。いずれにしても自分は死ななければならない。決行日は一一月二五日である、と従来の計画を打ち明けた。古賀はこの行動に参加することを誓って決意を新たにした。

九月一五日、三島ら五人は先に述べたように、両国の飲食店「ももんじや」でイノシシ料理の会食をもって結束を固めたのち、後楽園サウナに集合。このとき三島は、毎月一度開催されている楯の会の例会の招集方法を変更することとし、とくに決起を予定する一一月二五日の例会に招集する者については、自衛隊関係者を近親者に持つ者は除外し、三島が選んだ者だけに直接連絡することを伝えた。

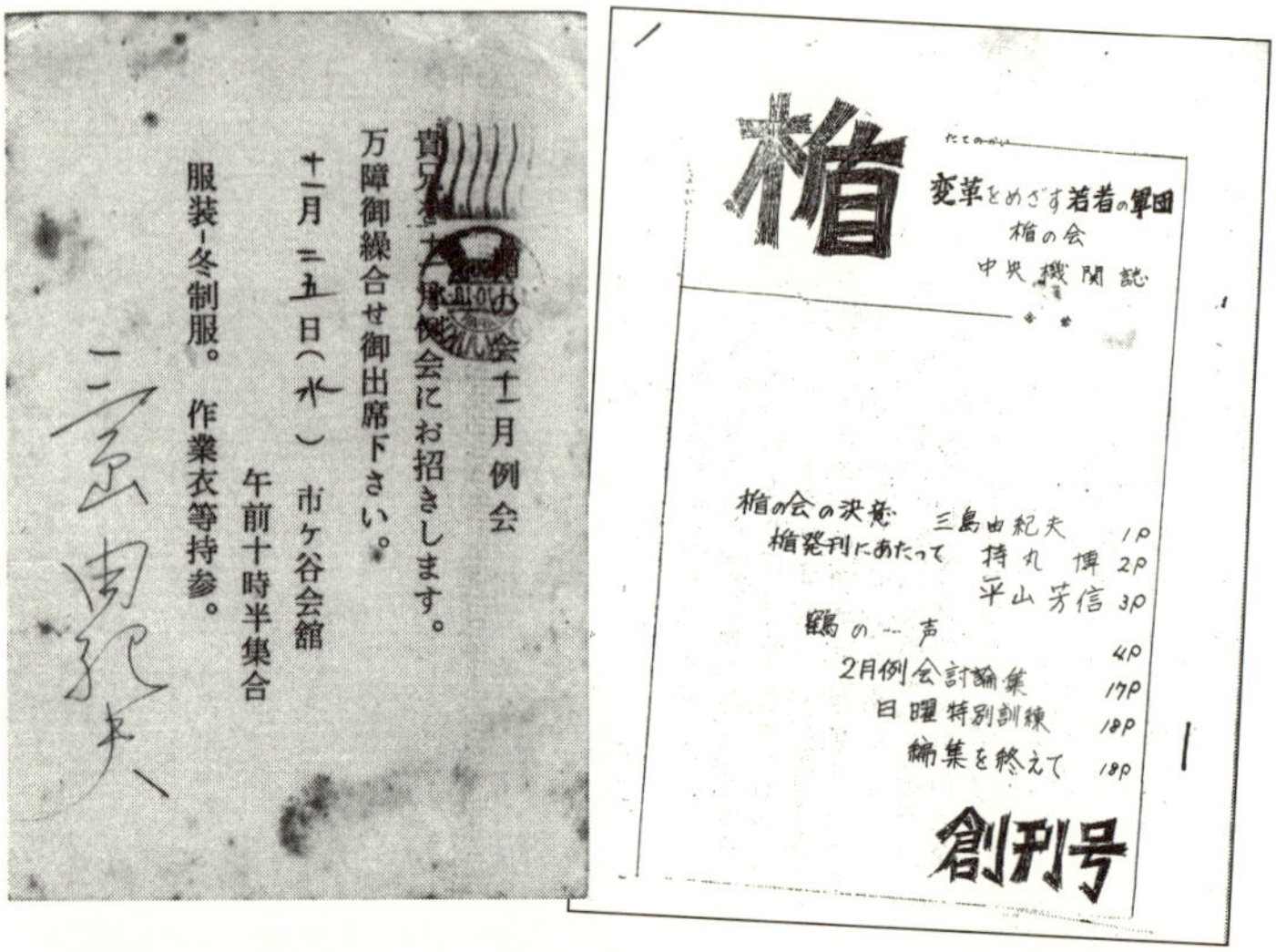

昭和44年2月に創刊された「楯の会」機関誌『楯』。創刊号の巻頭言は三島由紀夫、他に本書で再三引用した持丸博、平山芳信の名が見える。楯の会の例会は毎月開かれた。左は三島から出された最後の例会通知。11月25日は昭和45年の11月25日であり、三島事件当日である。（今野茂雄所蔵）

招集方法の変更により、例会の開催日はそれまでの週末から平日に変更された（ただし、今野の見事に整理された詳細なメモ「楯の会・月例会の案内」では、すでに六月二九日以降、土曜および日曜の例会は催されていない。逆にこの日以前にも平日に例会が催された日は、第一回目の昭和四三〔一九六八〕年七月二四日を含め三回ある）。これによって、自衛隊に籍を置く今野は例会から周到に遠ざけられた。

不思議なのは、私の当時の手記によると、三島はそういう手を打ちながら、九月一七日に今野が届けた私の手紙に対し、まるで例外を設けるように反応し、その後も私に反応しているのである。四月一一日以降、秘密保全のためか、巻き込むことを恐れてか、はたまた今さら接触の価値もないと思ってか、接触を避けようとしてきた青年将校に、三島が危険を冒して接触してきたのである。

前述のように、今野の記憶によれば、三島は、今は実際に何をするかが非常に大事な時期なんだとは言ったが、何かを代わりに提案するそぶりはなかったという。しかし、当時、私が書き留めていた手記は趣を異にする。

私の手記でも、今野に対する三島の態度は極めて厳しいものであった。そのため、後のことを考え、今野が私に渡した三島の返答メモは破棄処分とした。しかし、結果的にはこの前後の三島とのやり取りが、三島と最も近づいた時期となったことから、それを記しておきたいと、事件後の昭和四六（一九七一）年三月三日に記憶を思い起こして書き留めた。

その手記によると、三島は要旨次のように今野に詰問した。

●三島のネームバリューを利用するのか！（それだけか！）

●会合はサロン的なものか、もっと内輪の会合か？

●軍民の会合を作るのは、それを作って何をするのか！

●公安警察を仲間に入れるのは、どう考えても望ましくない（公安の人は保守思想で馬が合ったことから、三島に言われるまで注意を払わなかった）。

ここまでの三島は、今野の言う通り何かを代わりに提案するそぶりはない。しかし、以上のことはいわばメッセンジャーとしての今野に答えられない内容を含んでいた。とくに、三島の「軍民の会合を作るのは、それを作って何をするのか！」という私の手記にある詰問は、前述のごとく「もはや言論の時期は終わった。自分は執筆や出版で世の中に訴えてきた。今は実際に何をするかが非常に大事な時期なんだ」というはるかに厳しく具体的な批判になって伝えられている。今野メモを破棄した理由は、それに近い内容が書かれていたからだと思う。

先に「趣を異にする」と書いたのは、今野が確答できなかったため、三島が最後に、「西村に直接会って話をしよう」と伝えたことを記しているからである。

なんと三島は「軍民会合」への参加は無意味だとして断ったが、代わりに直接対話を提案してきたのである。

ところで、三島には出席を断られたが、「軍民会合」は予定通り九月二三日に『自主防衛について』をテーマにして、青年将校（防大卒および一般大卒）、防大生、一般大学生、憂国の士ら約三〇人を集めて行なわれた。残念ながら、それ以上「軍民会合」についての記載はない。

その日、軍民会合が所期の成果を収めたと思った私は、その後、三島に電話を入れた。この日は祝日であり、今野、森川、内田および中山の四人も集合し、電話の結果を待っていた。

赤誠をぶつけるから赤誠で返せと意気込んだ私も、三島の、今野に対する厳しい態度と六月の私の電話に対するよそよそしい態度を思い出し緊張を強いられた。しかし、電話に出た三島は至って朗らかであった。

まず私の手紙が「良い手紙であった」とほめてくれ、「返事を書こうにも手紙では舌足らずになるし、電話では問題になる」「今野はあなた方との仲介者だからあのように厳しいことを言った」

と述べたうえで、

「直接会って話をしなければわからないことが多いので、一度会いましょう」

と、直接対話の提案を繰り返してきた。私は、大いにほっとし、三島に感謝した。

三島は秘密保全や、彼独特の楯の会会員への気遣いを重視しながらも、おそらく青年将校にもう一度会ってみようと決心を変えたのだと思う。しかも、私が三島の直接対話の提案を単なるあいさつ程度の会合ではなく、かなり含みのあるものだと考えたのは、三島の「返事が電話では問題になる」「直接会って話をしなければわからないことが多い」という表現に意味があると思うからであった。しかし、後述するように秋期は訓練最盛期ですぐに会うのは難しかった。

いま思えばむなしくなるくらい遅いのだが、三島の疾走を知らない私は、訓練・演習もひと通り片づく一〇月一八日（日）を申し出た。三島は承知して、落ち合う場所として東銀座の東急ホテルのロビーを指定した。時間は午後六時であった。場所が自宅ではないということを若干不審に思った記憶があるが、私が富士吉田から出てきやすい場所であり、自宅で青年将校と機微な話をすることはできなかったのだと思う。

私が「三〜四人で行きます」と言うと、三島は「いや、できることなら二人で話がしたい」と答えた。私は「ええー！」と驚いた。まさに、これ以上ない赤誠が返ってきた。だが、「さし」でという三島の申し出は、予想を超えたもので、不意打ちになった。

偉大な三島がぬっとあらわれたとき、今野を経由した三島の詰問が頭をめぐり、一人で答えられないという危惧から、思わず引いてしまった。私は、反射的に「この連中は、いつも一心同体で行動していますから」と言った。三島は「それならやむを得ない。では、こちらも森田を連れていきます」と応じた。

ひと息入れて考えてみれば、三島は、初めから「西村に直接会って話をしよう」と私との対話を望んでいたのであり、「今野はあなた方との仲介者だからあのように厳しいことを言った」と気をまわしてくれたのだ。「直接会って話をしなければわからないことが多いので、一度会いましょう」という電話での言葉も、含みのある私との直接対話の提案の繰り返しであった。しかし、これらの考慮が一瞬にして私の頭の中を回るものではなかった。

それに私は三島の対象を私個人ではなく、われわれという複数形で捉えていた。だから、三島の提案は私にとって不意打ちになったのである。

当時の手記に「できることなら二人で話がしたいという、このときの三島の言葉が最も彼に近づいた時かもしれなかった。（もし二人であっておれば）実に劇的な結果を生んだかもしれない」とある。私がもう少し注意深くあれば、「さし」の心構えはできたであろう。

このやり取りを聞けば，私がここいちばんの勇気に欠けたがために、三島はそうは応じながらも再び遠のいたと考えられるかもしれない。しかし、今野の回顧談を聞いて、三島は必ずしも遠のかなかったことを思い出した。三島は、少数どうしの会合も視野に入れていたと思われる。内容を形式的すなわち儀礼的な会食などに終わらせることにせずにである。

「制服を脱いでくるように」

先に述べた今野の話（平成三〇年一一月二二日）には続きがある。今野が三島に私の手紙を届けた昭和四五（一九七〇）年九月一七日、突然三島から「制服を脱いだらどうか」と言われたという。今野は言われた意味がわからなかった。気持ちの問題なのか、実際に自衛隊の制服を脱げという意味なのか、自衛官を辞めて三島のもとへ来いという意味なのかわからず返答ができなかったと、今野は言う。

これを聞いて私は驚いて、思わず両手でバンとテーブルをたたいて椅子から立ち上がっていた。私は前述の三島との電話で、三島から「一〇月一八日は制服を脱いでくるように」との要請を受けていたことを四八年ぶりに思い出したのである。私は外出の際、制服着用を常としていた。だから、三島の前では制服か戦闘服であった。四月一一日に三島邸を訪れたとき、私一人が制服であった。三島はそれを諒とするごとくうなずいた。そういういきさつがあったので、今野の話を聞くまで、なぜこの日に限って私服で出かけて行ったのか腑に落ちなかったのである。

ようやくわかった。三島は今度は向こうから制服を脱いでくるようわざわざ要請したのだ。今野は三島を訪問するときはいつも目立たないよう私服だったそうだから、制服を脱いだらどうかと言われて、ピンとこなかったとしても無理はない。しかし、私の場合は、常が制服だから、制服を脱いでくるよう要請されれば、これはただ事ではないとピンときた。確かに九月二三日の電話で、これは「肚を割って話そうという」三島のシグナルだと感じたのである。

このことが当時の記録と記憶からすっぽり抜け落ちていた。前述したように、九月二三日の出来事を翌年三月三日に書いたからである。その脱落が今野の話によって蘇った。これが、三島は少数どうしの会合も視野に入れており、「さし」の計画が壊れたあとも、必ずしも三島とわれわれわれわれの距離がそう遠のかなかった思う理由である。

電話ののち、私は三島の機嫌が良かったこと、そして三島とのやり取りを報告した。仲介役を務め、三島の厳しい対応に私以上に心配をしていた今野は、たいそう驚いて「これは歴史に残る日になるぞ！」と言った。私も「至誠天を動かす」と有頂天になった。

これで三島を確実にわれわれの行動の中に組み込めるであろう、とみなで喜んだ。森川は「われわれを本気で相手にしてくれるのか」と感激したが、その一方で気後れしたという。三島邸での会合から自分自身がほとんど成長していると思えなかったからである。

私は、三島の「直接会って話をしなければわからないことが多いので、一度会いましょう」という電話での言葉から、三島の思うところを分析し、どう対応するかあらかじめ練っておかなければならないと思った。一〇月の会合は四月のような一般論と違い、三島がより具体的に踏み込んだ話を切り出してくるだろう。

この思いはみなも同じであったと思う。だから、今回は、同行する者の間で「役割分担」と「相互支援」に関し、十分な打ち合わせが必要だった。ところが、議論はいきなり切り上げられた。

中山が、私に「その時まで考えをまとめておけ」と下駄を預け、「今度三島に会ったとき、はっきり三島とともに行動できるかどうか見極めよう。もしだめなら、もうばっさり切り捨てよう」と言って場を仕切ってしまったからである。

中山は三島とはまだ会ったことがなかった。今回の中山の判断は、千載一遇の好機に対処するにあまりに乱暴であった。私はイデオローグとしての中山を依然かけがえのない存在と思いながらも、次第に独断的な彼の判断に危うさを感じ始めていた。

しかし、私も含めみなは、中山が私に下駄を預けたことに疑問を唱えず、いつものようにそれを諒とした。

三島に送った手紙を「わかりやすい内容だ」とほめてくれたことから、私の文章の何かが三島の何かを打ったと感じた。たぶんそれは、防大生（防大卒も）が「国とは何か」を考えず、「国とは守るべきもの」と飛躍してしまうという私の指摘に、三島が膝を打ったのではないか。このような防大卒の意識については、それまで誰も三島に明らかにしなかった問題ではなかったか――それならば、会話の突破口になると私は考えた。

実際、三島は、前述したように、富士学校におけるわれわれへの薫陶として「日本人とは何か、日本とは何かをよく考え、日々の訓練がどこで日本とつながるか、みなさんは考えてほしい」と言っている。三島と私の間には問題意識の共鳴が生まれていたのである。

この問題意識の共鳴により、私は一〇月一八日に三島に対する主導性が、状況によりとれると思った。だから、私のひたむきな情熱を認めてくれた三島を、縁切りにしようなどは夢にも思わなかった。

三島と会う日時が決まったことから、われわれは、各自の予定と照らし合わせて同行者を調整した。その結果、森川および中山が私に同行することになった。

しかし、この日は「西村一任」「状況により三島切り捨て」という中山の乱暴な提案に呑まれて、十分な打ち合わせもなく散会した。

前述したように、この時期は秋期訓練の最盛期であり、年度の訓練には依然、治安出動訓練が含まれていたものの、訓練の主体は従来の砲兵訓練に復し、中隊訓練を終えた特科部隊が、大隊訓練、連隊訓練（師団特科隊訓練）と練度向上に向かっていた。このため、三島・森田と会う一〇月一八日までの間、前述の同行者と会うことすら困難であった。

一任されたとはいえ、訓練・演習に忙しい私にとって手紙の内容を行動に移す具体案は「軍民会合」の改良案以上に浮かばなかった。この案は、三島には到底受け入れられないところから、話し合い当日、厳しい三島の叱責を受けることを覚悟した。そのうえで、当初は静かに三島の話を聞き、機を見て問題意識の共鳴点を発言し、主導性を回復するという姿勢で臨むこととした。

その頃、三島は、私と電話で話した九月二三日のあとの九月二五日、滝ケ原分屯地の月刊誌『たきがはら』に「瀧ケ原分とん地は第二の我が家」と題する小文を寄せた。その最後の三行は次のように終わっている。（三島由紀夫全集三四）

同時に、二、六時中自衛隊の運命のみを憂へ、その未来のみに馳せ、その打開のみに心を砕く、自衛隊について「知りすぎた男」になつてしまつた自分自身の、ほとんど熱狂的心情を自らあはれみもするのである。

自らのことを、自衛隊を「知りすぎた男」になってしまったと哀れみ、もはや言論の時期は終わったという三島が、私の手紙に「直接会って話をしなければわからないことが多いので、一度会いましょう」と応じた。それも、今野と私に「肚を割って話し合おう」という意味を込めて、制服を脱いで来ることを要請した。

四六時中、自衛隊の運命のみを憂え、その未来のみに馳せ、その打開のみに心を砕く、「知りすぎた男」になってしまったという三島は、自衛隊に対する熱狂的心情を青年将校たちによって、再びいくらかでも取り戻したのであろうか。逆に、三島に対する熱狂的心情を抱くわれわれは、計画に向かって疾走する三島も、彼のおそらくは複雑だったわれわれに対する心情も、肚を割って話すことの覚悟も深く考えないまま、まずは、上がった予想外の「戦果」に驚喜した。しかし、目先の戦果に目がくらんだわれわれは肝心の一〇月一八日の三島との会合についての計画は粗雑であった。

私は自分の手紙の内容に満足せず、それを具体的に行動に移す方法について、九月二三日その日だけでも、一〇月一八日に向けて衆知を集め、偉大な三島に対し若輩は若輩なりの主体的な対策を練っておくべきであった。

痛恨の一〇月一八日

一〇月一八日、午後六時より一五分ほど早く、私、森川、中山の三人は東急ホテルのロビーへ集合した。そのとき、少しばかり嫌な空気になった。ジャンパー姿の私を見て、中山が「なんだ、その恰好は」と非難したのである。中山と森川はジャケット姿だったと思う。

前にも書いたように、私は常に制服であったため、背広やジャケットを持たなかった。そのため、手持ちのカジュアルなジャンパーを選んだ。背広やジャケットでなかっただけに三島がどんな姿で現れるかは気になった。

その心理の弱点を中山は衝いてきたのである。今さらどうしようもないのに、友軍が心理戦を仕掛けてくるとは何ごとか、と気分を悪くした。森川は何も言わなかった。

やがて三島と森田が現れた。私たち三人は共に驚いた。一〇月半ばというのになんと半袖のポロシャツではないか。安心すると同時に、私以上のラフさに驚いた。なるほどこれは「肚を割って話す」というサインだと思った。

三島は、私たちを鍋料理屋に案内した。私の手記には蟹料理屋とあるが、三島を知る人からは彼は蟹が苦手だということだった。森川がさる四月一一日に交わした三島との会話でも、蟹は切っても血が出ないから嫌だという話題が出たことから、蟹料理屋であったかなかったか、しかとは思い出せない。

話の主導権は三島がとった。三島は「楯の会」について語り始めた。

「『楯の会』百名は、自衛隊が治安出動をするまでの間、自衛隊から重機関銃を借り受け、尖兵となることを考えた」「治安出動ののち、自衛隊は撤兵を拒否すればよい。それが憲法改正の契機となる」と述べた。どこかで聞いた話だった。そう、二年前の一一月二〇日、防大の大講堂で全学生を前にして三島が唱えた、いわゆる「無血クーデター構想」であった。

防大で聞いたときはよくわからなかったが、この時の私はこの構想を十分に理解できていた。しかし、ここで三島があらためて「クーデター構想」を話題にするとは予想外であった。

前年の「一〇・二一国際反戦デー」以降、治安出動の可能性は激減していた。このため、私が幹部候補生学校を終了して部隊に着隊した頃には、まだかなり大がかりに行なわれていた治安出動訓練も、昭和四五年の秋の訓練最盛期には従来の砲兵の部隊運用と射撃訓練に復していた。知ってか知らずか、三島は部隊訓練の変化には無関心に見えた。三島が関心を持つ治安出動は、部隊の対処能力の実情を知る私にとって任務達成の成否は懐疑的であった。しかし出動の可能性そのものがほぼ消滅していることを三島が知らないはずはなかった。

とすれば、三島の話は治安出動の機会を逃した無念さの回顧談なのか、それとも新たな決起の話なのか。前者なら話の糸口はある。しかし、後者ならまったくない。私は判断に迷った。しかし、これだけの話では三島の話の真意がどこにあるかわからない。そこでいま少し三島の話を聞いて、予定通り機を見て発言しようと考えた。

そのとき、私に下駄を預けたはずの中山が、突然私を差し置いて三島に「三年待ってください」と何の打ち合わせもないばかりか、三島の話の流れにそぐわず、私にとっても話の糸口とならない発言をした。緊張していた場の空気は一気に壊れ、弛緩した。痛恨なり！　何たる拙速さ！　何たる独断！　私も森川も「これで終わった」と感じた。話の腰を折られた三島は、それでも「楽しみにしている」と言った。しかし、三年待ってくれるとは聞こえなかった。力強い言葉ではなかったからである。一か月後に決起を控えた三島にとっては当然であったろう。

だが、それに気づかない私は、中山がなぜ三年といったのか不思議に思った。中隊長になるまで待ってくれ、という意味なら五年待ってくれ、と言わなければならない。任官一年目の私たちが中隊長になるにはそれだけの時間がかかる。中隊はクーデターの最小単位である。しかし、クーデターのタイムテーブルはまったくわれわれの話に出ていなかった。

まさか一人で考えている？　一瞬そう思った。しかし、防大出身者を啓発し終えたら自衛隊を辞めると言っている中山は、自衛官としてはあまり真面目に勤めているように見えなかった。職種も需品科（輜重兵）というクーデターには不向きな後方職種であった。中山が放った「三年」なる言葉は、中隊長になるまでの計算から出たものとしては本気度が疑わしかった。

それでも「三年」に何らかの意味はあったのだと思う。しかし、その意味以上に、影として動くはずの中山が、肝心なときに表へ出たがり、場を台なしにする悪い癖が出たのである。

森川は、中山の「あと三年」という発言を聞いて、「あと三年あれば」と同意している自分が情けなかったという。三島という偉大な先達に直接話を聞くという絶好の機会に恵まれたにもかかわらず、当時の森川は、任された職務を何とか果たせるものの、自分が描く理想の軍人にはまだまだという思いがあったからである。

失敗の直接原因は、砲兵用語でいう中山の「過早破裂《かそう》」であった。「過早破裂」とは、射撃時、弾丸がいきなり砲身内で暴発するか、砲身を飛び出したとたんに暴発し、砲側の人員、つまり味方に重大な損害を与えることをいう。まさにそれが起こったのである。

中山の「過早破裂」は、実はしばしば起こっていた。いまも中山の「過早破裂」に納得のいかない私に、中山と馬が合った森川は、苦笑気味に「中山はあんな奴なんだよ」と答えた。

中山の私への「一任」発言を軽く受け、「役割分担」と「相互支援」を決めなかったことに加え、結果として、私は「人選」を間違えたといえよう。しかし、「人選」は「役割分担」より難しかった。とくに中山は「イデオローグ」を自認していたし、私もバックアップとして期待していた。だから、私はこの結果をアクシデントと考えた。当時の手記に強く中山を非難する言葉は残っていない。

いったん場の空気が壊れたあとも、三島は自ら場を立て直そうとするかのように。引き続き場のイニシアチブをとった。

三島は、回り道と思われる話をした。

「保利官房長官の話だが、憲法改正のチャンスは、昭和二六年マッカーサーの罷免前にあった。そのとき米国は占領憲法の不適当を認め、手直しを指示し、かなり具体化されていたが、世間に出る前にマッカーサーが罷免されて没になった。実に千載一遇の好機であった。その後、現議会政治が続く限り、国会で憲法改正をやる可能性はまったくない」

三島にとって、「その後、現議会政治が続く限り、国会で憲法改正をやる可能性はまったくない」という後段部分に重点があったことは間違いない。しかし、私はこの三島の話により、マッカーサーが占領憲法の手直しを考えていたことを初めて知り、いつまでも「アメリカの押し付け憲法」と非難することに疑問を持った。むしろそれを言うなら、日本人の自立性の喪失を強く反省すべきであろう。

憲法談義のあと、三島はわれわれ三人を凝視すると言った。

「人間の最も大切なものは誠である」

そして私を見た。私は思わず緊張した。しかし、三島は私の緊張を解くように口元に笑みを浮かべ「君の手紙についてまったく同感である。大変いい手紙であり、何回も読ませてもらった」と言った。

三島は私が手紙に書いた「現憲法による限り共産主義は憲法を楯として相対することができる」という『反革命宣言』の根幹に反する記述をいさめるでもなく、これ以上にない誉め言葉でほめてくれた。大作家に対し、赤誠だけをぶつけた手紙だったから、「何回も読ませてもらった」という言葉は、期待をはるかに超えてひたすらうれしかった。同時に、三島と問題意識の共鳴が生まれていた証拠かもしれないと思い、意を強くした。

「ただ、問題になったのは」と三島は続けた。「組織論についてである。そのことだけが気にかかった」としながらも、組織論についての話は続かなかった。組織論については、三島から指導を受けたい大きな問題点であった。私が積極的に質問しなかったのも悪かったが、三島が積極的に指導に出なかったのは、今後、楯の会をどう維持・運営するかという問題を抱えていたからであろう。あからさまにいえば、三島からすれば、すでに役目を終えた「楯の会」をどう解散するかという問題であった。三島はこの頃、すでに解散問題に答えを出し、着々と手を打っていた。

三島の自決は「楯の会」解散の方法として、三島が自ら考え出したものと理解されている。しかし、三島の自決をもってする「楯の会」解散は、菊地勝夫が三島に知恵を授けたものであるという話を今回、冨澤から直接聞いた。この話は菊地の手記にも菊地を描いた本にも載っていない。だから、秘話である。冨澤は言う。

昭和四五年頃から楯の会に分派行動が起こっていた。スマートに楯の会を解散させるにはどうすればいいかと三島は悩んでいると菊地は言っていた。菊地は三島が理想と現実の話で悩んでいることがわかった。

菊池が、俺はこんなことを言っちゃったんだよな。というのは、死の問題が出たとき、西郷隆盛は武士というものは部下のためにこそ死ねると言った。そのとき三島が結構な反応を示した。彼（注・菊地）が自分の言った言葉を自慢するでもなんでもなく、あのことはあのような結果を招いた一つの要因になったのではないかと、俺（注・菊地）は思っているんだと言った。

三島のような人だから、そこにはなにがしかのフィナーレを書かなければいけない。三島のシナリオに殉職することによって、楯の会はいやおうなく解散していく。そうすれば王陽明のいう「悠久の大義に生きる」という大目的だけは達するかもしれないと想像はできる。

菊地は深く考える男だから、私（冨澤）に言ったということは書き残しておいた方がいいほど真髄をついた話であると思う。

冨澤の証言で、菊地が楯の会を解散する方法として、三島に自決を示唆したことがわかる。

われわれには「焦り」がある……

話を一〇月一八日の三島とわれわれの会合に戻す。

三島が、私の手紙をほめてくれたのは、この上なく名誉なことであったが、三島に切り込む糸口を先に取られてしまった。恐縮しているうちに、三島の話は組織論から犠牲論に移っていた。

三島は「私の払った犠牲は、文学界に多くの敵を作ったことと、わずかだが二〇〇〇万のお金である」と述べ、「君は何を犠牲にしうるか？」と尋ねてきた。「来た！」と私は思った。そっとひと息入れてから、背筋を伸ばして「まず地位、最後に命ですね」と答えた。

中山は、親が気の毒だという意味のことを言った。「過早破裂」を起こすほど意気込んだ中山にしては湿っぽい反応であった。火薬が湿ったのだろうかと思った（これを最後に中山の発言の記述はない）。

「母は、今のままの自分を貫きたいのなら、結婚はしなさんなと言いました」と私が言うと、三島は「それは立派なお母さんだ。今どき珍しい」と応えた。

三島はさらに核心に入ってきた。

「西村少尉、国会を包囲するのにどれくらいの兵力がいるか、考えたことがあるか？」

私は答えた。「ありません。しかし、たいしたことはないでしょう。今の人間は力を過大に評価しますから」

「私もそう思う」と三島は応じた。しかし私はそれ以上具体的な話はできなかった。

三島もそれ以上国会占拠の話を続けなかった。

しばらく酒を酌み交わしながら、鍋をつついていた。三島が再び話し始めた。

「妻や子は本当にかわいい。しかし、妻や子がかわいいからといって行動を回避したら、それは結局、自分がかわいいからと同義語になる」

私は結婚していなかったので、三島の気持ちは測りかねた。しかし、三島の次の言葉にはハッとした。

「あなた方に気をつけてほしいのは、中隊長になったときだ。部下がかわいいことを理由に挙げやすい。そこが危ういところだ」

会談早々、中山が「三年待ってください」と頼んだのに対し、三島はようやく答えたのだ。

「そのときにはもういないぞ。君らは気をつけてやれ」と。しかしそのときの私は三島の言葉を、しかと捉えることができなかった。

ところで、「部下がかわいい」という言葉を、卑怯未練の逃げ口上として単純に解釈しては いささか現場感覚に欠ける。

かなり後年になって、施設群長（連隊長級）を経験することになった森川は、大規模災害派遣の実任務の経験から、任務達成は第一義の目標であるが、任務が過酷になればなるほど、若い独身隊員は元気な姿で親御さんに、既婚者は奥さんのもとへ返すことが、本務とも並ぶ重要な任務とも思うに至ったという。

三島の会話に戻ろう。さらに口をついて出た三島の言葉は、穏やかではなかった。

「君らは武力を持っているから、いつでも起てると思っている。われわれは持っていないから焦りがある」

三島の決起への疾走に気づかなかったわれわれでも、この言葉には衝撃を受けた。しかし、われわれには返す言葉がなかった。

「君らは武力を持っているから、いつでも起てると思っている」と言われても、自衛隊にいれば、そんなことは物理的に不可能であるとわかる。合法か非合法かは別にしても、銃一挺、弾丸一発動かせない。三島は自衛隊が武力を持っているからいつでも起てるという幻想を抱いているのだ。長いこと自衛隊の幹部・陸曹と話してきて気づかなかったのか。

それより、「われわれは（武力を）持っていないから焦りがある」という言葉のほうが気になった。とくに「焦りがある」というの唯事《ただごと》ではない。

三島は何かに焦っているようだ。いま、そんなに急ぐことがあるのだろうか。しかし、三島の言葉に気おされて私は返す言葉が見つからなかった。

それでも、三島との会話はまだ終わっていない、回り回った話がいよいよ本題へ入るのかと期待した。だが、無情にも二時間という宴席の終了が来ていた。

最後に三島は、にこやかな笑顔に戻り、「西村少尉、今日は話が合ったかね」と尋ねてきた。私は何か違うなあ、と感じた。手紙に書いた三島との連携の話ができなかったし、互いに何か言い残しているのではないかと感じたからである。しかし、私は次の会合につなげればならないという思いから「はい」と答えた。

宴席後、振り返ってみたが、いきなりの中山の「過早破裂」から始まって、会談の道筋は定まらなかった。いまから考えれば、一か月後に決起を考えているのに、いきなり「三年待ってくれ」と言われるとは、三島は考えていなかったであろう。それでも、三島は壊れた場の雰囲気を立て直し、かなり真摯に肚の内を青年将校にぶつけてくれた。

私は三島に合わせて壊れた場の雰囲気の立て直しに協力し、かつ主導性を回復すべきであった。ところが中山の過早破裂で「これで終わった」というショックが後を引いたのか、無準備の報いか、それとも三島を前にしての格の差か（おそらくすべてがあわさったものであったろう）、終始受け身一方となった。こんな大事な会合でこんなはずではなかったのにと深く悔やむこととなった。

今回も、森田必勝は何も発言しなかった。私は、森田は三島の影であると考えていたから、前回同様われわれを醒めた目で見ていたとしても不思議に思わなかった。加えて中山の暴発があったから、影は差し出がましいことは言わないものなのだと思い直した。

ただ、森川は、今から考えればと断ったうえで森田の沈黙を次のように解釈した。一八日の会合の約束は自分（森田）の知らぬところで、三島と西村の間でなされたことである。その会合で、三島・森田の決起の枠組みに触れるかどうかが問題であった。その枠組みというのは「三島を決起させることと自分が三島と共に自決することである」。その枠組みを壊すような話にならなければあえて口を出すことはない。実際、宴席では懸念する枠組みに触れるような話は出なかった。だから森田はあえて口をはさまなかった——。

ところで、森川は三島・森田と別れたあと、忘れられない光景を目撃した。三島と森田が、少し離れた街灯の下で、宴席とは打って変わった厳しい顔つきで何ごとか話し合っているのを、ボンヤリではあるが見たという。とくに宴席での森田は、終始無言であったことからその顔つきは印象に残らなかった。しかし、街灯の下で見る森田の顔は、三島に合わせたように厳しい顔つきになっていた（私は、三島と森田に背を向けていたので気づかなかった）。

二人が話す内容は、いま別れたわれわれのことなのか、それともまったく別のことなのか——われわれには関われないことがあるのか、それともまだ何か話したりないことがあるのか、測りかねたという。森川は、さまざまな憶測が頭の中でめまぐるしく浮かぶなかで、会合での話題と三島・森田の様子から、「西村だけ連れて行こう」と相談しているのではないかと直感的に思ったという。

ビッグ・イフ（もしも、あのとき……）

いま振り返ると、われわれは、三島と最後に会う際に三つの大きなチャンスを逃した。一つは三島から「できるならば二人だけで会いたい」という呼びかけにもかかわらず、思わず引いてしまって彼に応えられなかったことである。

二つ目は、三島の真意を確かめないうちに、中山が三島の話を早々に遮ってしまったことである。その結果、三島がわれわれ青年将校に最後にアプローチした理由はよくわからないままとなった。そのため、われわれは、三島が何か言い残したことがあるのではないかと考えた。そして、三つ目のチャンスも逃していた。それは、こちらが受け身に過ぎ、自分の思想を伝えることが中途半端であったということである。

そこで、もしも、一〇月一八日の東銀座での会合から間をおかずに、もう一度チャンスを得て自分の思想を三島に率直に伝えることができたら、状況はどうなっていたかということを大胆に推測してみたい。これは、今までの記述と違い仮説である。仮説の構築にあたり、私の発言は、当時の手記にある私の思想信条をできるだけ当時の言葉で、稚拙な部分は意味が変わらない範囲で修正して書き写したものであり、現在の創作ではない。ここまでの私と三島とのやり取りは、何ら脚色のない事実に基づいている。それを踏まえた上で三島の発言を論理的に推察して私と三島の「イフ」を再現したいのである。

じつは本書執筆の動機は、五〇年前に何を思って三島に接近していったのか、その「問い」に自分なりの答えを出したいという強い思いがあったからである。資料を狩猟する中で最も自分の気持ちにぴったり来たのは森田必勝の次の言葉である。

「三島由紀夫に会って自分の考え方が理論化できた。だから三島を一人で死なせるわけにはいかん」

私も森田と同様「三島由紀夫に会って国体と建軍の本義を理解することができた。だから三島と共に行動しなければならない」という気持ちになった。その気持ちは徐々に醸成され、やがてどこかの時点で三島に伝える機会をうかがっていたのである。その思いを読者の皆様にあえてお伝えしたいと思う。しばしお付き合い願いたい。

もしも、今度は私一人でもう一度三島に会うチャンスを与えられていたら、私はこう切り出したであろう。

「私は先生から私の手紙についてのご感想をお聞かせいただき、問題意識の共鳴者となれたのではないかと感じました。しかし、せっかく東銀座で胸襟を開いてお話できる機会を得ながら、自分の胸中を話すのに遠慮があったと思います。幸いもう一度得ましたこの機会にあますところなく胸中をご披露いたしますので、さらに進んで思想の共鳴者となれますようご指導を仰ぎたいと思います」

私の「思想の共鳴者となれますよう」という言葉に、三島の太い眉はピクリと動いた。彼は話の先を促した。私は続けた。

「先生は東銀座の会合で無血クーデターの話から話し出されました。無血クーデターについてなら私にも聞いていただきたいことがあります」

「私は一〇・二一の現場を見る一方で、治安出動訓練の現場での体験から、今の自衛隊が治安出動して果たしてうまく任務を達成できるのだろうかという疑問を持ちました」

「なに、今の自衛隊に治安出動を達成する能力がないというのか！」。三島は驚いた。明らかに私との会話に引き付けられたようだった。

私は部隊の実情を説明するとともに、エリート部隊ばかりを見てきたらしい三島の自衛隊についての現場感覚のズレをそれとなく指摘した。

「無血クーデターの機会は今やゼロに近いと思います。新たにクーデターを企図しようにも、自衛隊の中にいれば銃一挺、弾丸一発動かせないことがわかります」

「それでも私はこのごろ反逆者への道を進みつつあると感じます」

三島は、私のこの言葉を聞いてぎょっとするとともに、何を言い出すのかというように、いぶかしげに私を見つめた。いいのだ、引き付けておけば。かまわず続けた。

「自分の気持ちがとみに高まってくるにつれ、欺瞞的な秩序、それは大きくは政治、小さくは自衛隊の秩序に対する反抗心が高揚を続けるのです」

三島はじっと私を見つめた。

「この気持ちは、先生からいただきました村上一郎氏の『北一輝論』に相当に影響を受けたからと思います。北の心理は、私の言い知れぬ心の高まりと現状への憤怒に一致するものがあります」

「すなわち、この心理は、軍人として要請された鉄の規律を守ることと、自分が機構の要素として要請された軍人ではなく、人間として、よりあるべき姿を追求するならどうあるべきかということとの間で葛藤を起こし、鉄の規律を破壊してでもとるべき行動を選択したいという衝動へと高まっていくのです」

「私の内なる日本が私に呼びかけ、私の内なる軍隊が私に叫び、私は内なる私に啓発されて、内面に危機を醸成していくのです」

「その危機とは、いま日本の憲法がおかしい。自衛隊は国軍であるべきなのに、現在のままではいくら待っても国軍にはなり得ない。そのことが、私にははっきりしてきたという焦燥感なのです」

ここまで私は一気にしゃべった。三島はうんうんとうなずいたあと私に尋ねた。

「君は国家についてどういうふうに考えているのかね」

私は三島が憲法問題について、「それでどうすればいいと思うか」と直裁に切り込んでくると思ったが、彼は議論の大本から私の考えを確かめたいようだった。

「少し回り道をお許しください」私はまず断った。「ここに木でできたテーブルがあります。この木は日本のあるいは世界のどこかで採れたものです。その木がテーブルになり、ここに存在するまでにいかなる過程を経て、いかなるものと関連してきたかを考えるとき、このテーブルの中に世界のすべてが詰まっており、歴史が詰まっていることを認識せずにはいられません。そのように時間と空間の連続性の中にしか、このテーブルは見い出せません」

私が何を言いたいか、三島にはわかったはずだ。しかし、彼は辛抱強く聞いていた。私は続けた。

「人間にしても同じだと思います。私という人間は歴史のすべてを背負って生きているのであって、現在はおろか生まれる前の歴史の流れすら切り離しては考えられないと思います」

「私は日本人であるということから自分を切り離して考えられないし、日本の歴史の連続から切り離されるということは、実際上ありえないことだと思います。われわれが無自覚であっても、実はわれわれはそういう歴史や伝統によって生かされている。そういうものが人間と国家の関係であると思います」

「よくわかった。同感だ」。三島はそう言って続けた。

「ところで、冒頭、君は自衛隊の中に欺瞞があるといったがどういうことかね」

「私は防大に入校してすぐに気づきました。自衛隊を一生の仕事として、防大に入ってきた者は一〇人に一人くらいでした。防大には『学生綱領』があり、『国家防衛の志を同じくして、この小原台に集まったわれわれは……』という書き出しで始まっています。私はこの書き出しをひと目見たときから『嘘を書いてる！』とショックを受けました。これが欺瞞と感じた始まりです」

私は続けた。

「きれいな言葉で飾っても、自衛官には『もののふの心』が欠落しています」

「というと……」。三島は尋ねた。

「私は『もののふの心』というものは天下・社稷《しゃしょく》（古代中国に発する国家の意）すなわちネーションを守る心だと思います。それなのに自衛官の心には、今の西欧的国家、すなわちステーツを解する心はあっても、天下・社稷を解する心はないように見えます」

「もののふは、国家の一時《いっとき》の形態を守ろうとするのではありません。その形態が変遷を重ねてもなお、継承された伝統を守り、天の下始まったときより続いた社稷を守ろうとするものです」

「天下・社稷は『北一輝論』から学んだ言葉ですが、これは先生の『文化防衛論』における日本という国の概念に同じなのだと理解しております」

三島はうなずいた。それを見て意を強くし、言葉はエスカレートした。

「もののふの心を失った無国籍集団の行く手に何があるのでしょうか」

「警察と軍隊の違いなどどうでもいいではないかとうそぶく単細胞な将校にはあきれます。それでいいて、いまの日本は間違っとる、と言うのですから」

「このままではだめなのです。自衛官一人ひとりが、もののふの心を持ってこそ、自衛隊は国軍となれるのです」

私の激しい言葉に三島は間合いを取るように一服してから私を見つめて尋ねた。

「君はさっき『いま日本の憲法がおかしい。自衛隊は国軍であるべきなのに、現在のままではいくら待っても国軍にはなりえない』と言ったが、ではどうすればよいと考えているのかね」

ついに来た！　しかし、私は三島を納得させる答えは持ち合わせていなかった。それはこちらが訊きたい質問だった。そこで正直にそう答えたうえで、

「先生は、『もはや言論の時期は終わった。自分は執筆や出版で世の中に訴えてきた。今は実際に何をするかが非常に大事な時期なんだ』と、今野を通して私に伝えてこられました。これは何か行動を起こさねばならないときだ、という意味だと思いますが……」

三島は何も言わず腕組みをした。否定はできないが、肯定した場合なんと答えるか考えている様子だった。しばらく沈黙が続いた。私は恐る恐るその沈黙を破った。

「お忘れになっているかもしれませんが、九月二三日の電話で、先生は『直接会って話をしなければわからないことが多いので、一度会いましょう』と言われました。そのわからないことは解けたのでしょうか……」

「先生は東銀座の会合でクーデターの話を出されました。若輩の私でも、無血クーデターの機

会は今やゼロに近いと思います。新たにクーデターを企図しようにも、自衛隊の中にいれば銃一挺、弾丸一発動かせないことがわかります」

三島の眉は曇った。しかし、同情したところで始まらない。私は無視して切り込んだ。

「あのとき、先生は『われわれは、武力を持っていないから焦りがある』と言われましたが、何を焦っておられるのですか?」

三島の眉間の縦皺が深くなった。私は続ける。

「ご指摘の通り、私の内なる日本が、憲法がおかしいと危機感をあおります。憲法改正は防大時代からの私の悲願です。しかし、私は解決策を見いだせず、軍人でない自衛官として苦しんでおります。自分のことを『少尉』と呼びながらいくばくかの恥ずかしさは残るのです」

私は三島を直視して言葉をつないだ。

「本日はあまさず胸中をご披露申し上げましたが、思想の共鳴者とはなれなかったのでしょうか?」

三島が深く考え込むときに見せる癖の眉間の縦皺がさらに深くなった。が、答えない。

森川が東銀座で三島・森田と別れる際、二人の真剣な話を遠目に見て、われわれには関われないことがあるのか、それともまだ話し足りないことがあるのか、測りかねると言った。私は後者に、それも三島が連れて行ってくれるほうに賭けたが、結局前者だったのか……。

私はこれを最後と定めて、覚悟の一矢を三島に放った。

「力量不足ですが、いつでも先生と共に大義を成すための心構えができています」

しばらくあって、三島はようやく眉をあげた。

「よくわかった、西村少尉。しかし、話は貴君限りにしてくれ」

「この話を聞くと貴君は三途の川に足を踏み入れることになるぞ」

それでもいいのか、というように、三島は私の目を見つめた。

ここまで私から攻勢をしかけておいて、今さら退却はあり得ない。私には軍人精神がある。

私は三島から目をそらさずに、

「はい」

と答えた。

三島はそれまで練ってきた計画について話し出した。そして最後に言った。

「君には、森田と共にバルコニーに立ってもらわなければ、参加してもらう意味はない」

私は答えた。

「はい。喜んで」

「しかし……」と三島は続けた。「君には一緒に死んでもらうわけにはいかない。君がバルコニーに一緒に立っても、決起の主旨が自衛官に理解されるかどうかわからない。決起の主旨を後世に伝える伝道者の役割が君にはあるのだ」

三島はさらに続けた。

「私は最期に共に立ってくれる自衛官がほしかった。だから感謝する」

「だが、君は自衛官としての将来を失うぞ」

三島は私の決意をあらためるように念を押してきた。

おそらく、三島の最大の迷いはここにあったのであろう。三島は自衛隊と共に立つのが、憲法改正を行動に移す際の最大の願いであり、その願いを貫きたかった。他方で最後に飛び込んできた青年将校の前途を考えれば、なお躊躇せざるを得なかったであろう。そのバランスシートは最後まで微妙に揺れて、私の自由意思を再確認したのだ。

三島の念押しに私は応えた。

「その覚悟はこの前の会合でご披露申し上げたところです」

「私は志願して悠久の大義に生きます」

三島は笑みを浮かべてこう言った。

「西村少尉、貴官を同志に加える」

「ビッグ・イフ（もしも、あのとき……）」は以上である。次章から再び現実に戻る。

第七章　事件後の事情聴取

三島由紀夫、決起す

「憲法に体をぶつけて死ぬ」ほかはないという、三島由紀夫の意思の転換を自衛隊はまったく気づかなかった。

昭和四五（一九七〇）年一一月二五日、三島は「七生報国」の決意をもってそんな自衛隊に対し、常人の想像を絶する激しい鉄槌を加え、憲法改正について覚醒を図り、同時に国民世論の喚起を図ろうとした。

「檄」全体の特徴は、昭和四四年の「一〇・二一」以降の自衛隊の不作為を責める遠慮会釈のない批判だ。「檄」の最初の段落に感じられる自衛隊への愛は、その後、激しいムチ打ちとなって振り下ろされ、皮膚をひんむいて容赦がない。だが、最後に蘇りを期待するがゆえにとどめは刺さない。最後の「今からでも共に起ち、共に死のう」という〝心中〟へのいざないは死刑場へ引きずるかのような脅しに等しい。自衛隊と山本舜勝に対する不作為の責めはそれほど激しいのか。それならば、私は痛みに耐えて三島の批判に耳を貸そう。以下、「檄」の要旨をもとに分析する。

三島はまず、自衛隊は違憲であるのに法的解釈によってごまかされ、日本人の魂の腐敗、道義の退廃の根本原因をなしていると指摘する。そして、われわれは「憲法改正によって、自衛隊が建軍の本義（天皇を中心とする日本の歴史・文化・伝統を守ること）に立ち、真の国軍となる」ことを目指し、少数ながら訓練を受け挺身した、と述べている。

ここでは、憲法改正の目的が「国軍の再建」と「建軍の本義」の顕現であることが初めて具体的に述べられ、主張としては明確である。三島はその手段として「楯の会」を結成した。持丸博の証言と同様、ここでは「楯の会」の目的を民間防衛とせず、治安出動の尖兵であったことを明らかにしている。

続いて、昭和四四年一〇月二一日、（全学連の）デモは、「圧倒的な警察力の下に不発に終った。その状況を新宿で見て、私は、『これで憲法は変わらない』と痛恨した」と悔やむ。すなわち、持丸が述べたように、「楯の会」結成の真の目的であった反革命行動によって自衛隊の治安出動を促し、一気にクーデターまで持ち込む構想はここに完全に挫折したのである。

そして、この日から「それまで憲法の私生児であった自衛隊は、『護憲の軍隊』として認知された」と断言する。「もし自衛隊に武士の魂が残っているならば、どうしてこの事態を黙視しえよう」「自らの力を自覚して、国の論理の歪みを正すほかに道はないことがわかっているのに、自衛隊は声を奪われたカナリヤのように黙ったままだった」。そんな自衛隊を間近に見て「われわれは、悲しみ、怒り、ついには憤激した」

「護憲の軍隊」を素直に解釈することは若い私には難しかった。だが、落ち着いて考えれば三島らしい見事な逆転の発想であった。だからここまでの三島の論理はよくわかる。

わからないのは、治安出動の機会がなくなったあとで、自衛隊が自らに着せられた汚辱をそそぐため、これを大義名分としてクーデターを起こせという主張である。「建軍の本義」を明らかにし、国体を顕現する目的に寄与することは理解できる。しかし、タイミングに恵まれなければ乾坤一擲の決起を起こそうにもついてくる者はいない。世論を糾合しようにも社会には受け入れがたい。終戦の詔勅が決まったあとで決起を呼びかけるようなものである。ここでは有効性が問題である。

おそらく三島は、機会は待つものでなく作るものだと言うであろう。だが、その場合、決起は軍隊の乾坤一擲の総力を挙げたクーデターにはならない。三島の「市ケ谷事件」のような少数者による小規模なものにならざるを得ない。私はそれを否定しない。大きなチャンスが去ったあとにはそのような手段しか残されていないからだ。その目的も世論喚起のような小さなものになるがそれでもいい。大事なのは息長く運動を続けることだ。

檄文の最後の段落は、自衛隊員への決起の呼びかけであり、とくに重要である。

われわれは四年待った。最後の一年は熱烈に待った。もう待てぬ。自ら冒瀆する者を待つわけには行かぬ。しかしあと三十分、最後の三十分待たう。共に起つて義のために共に死ぬのだ。日本を日本の真姿に戻して、そこで死ぬのだ。生命尊重のみで、魂は死んでもよいのか。生命以上の価値なくして何の軍隊だ。今こそわれわれは生命尊重以上の価値の所在を諸君の目に見せてやる。それは自由でも民主々義でもない。日本だ。われわれの愛する歴史と伝統の国、日本だ。これを骨抜きにしてしまつた憲法に体をぶつけて死ぬ奴はゐないのか。もしゐれば、今からでも共に起ち、共に死なう。われわれは至純の魂を持つ諸君が、一個の男子、真の武士として蘇ることを熱望するあまり、この挙に出たのである。

これは自衛隊員に決起を迫っていると取れるが、クーデターの呼びかけとは思えない。

理由は二つある。すでに説明したように、三島自身がそういう情勢にないことを知っていた。そして三島は、昭和四四（一九六九）年一二月に憲法研究会を発足させ、三島事件の頃には草案作りを急がせていた。

この草案の中身は三三年間封印されてきたので、あまり知られていないが、その中に「顧問院」という天皇を補佐する機関が置かれていた。顧問院は「軍がクーデターを起こしそうになっても、行政権だけでなく三権を代行する」クーデター防止の方策であった（各務滋、外山俊樹「三島由紀夫　クーデター説を追う」『AERA』平成一五年一二月一日号）。したがって、「最後の一年は熱烈に待った」という三島の主張は、本当に自衛隊のクーデターを待っていたのかという疑問が生じるのである。

これらの理由から、檄文の「今からでも共に起ち、共に死のう」の「共に起ち」はクーデターのために起てではない。三島はクーデターという手段を捨てて、切腹という常人の思考を絶する手段で直接的に自衛隊に強烈なショックを与え、「日本」という生命より大事なものがあることを訴え、同時に世論喚起を図ったものである。そして小川正洋、小賀正義および古賀浩靖の三人に、赤穂義士の寺坂吉右衛門のように事件を後世正しく伝えられるよう残したのであろう。何を伝えるのか。もちろん「憲法改正」である。

最後に残されたのは「共に死のう」の解釈である。

三島は、自衛官の誰かに本当に死んでもらいたかったのだろうか？　しかし、もし応じる者が出たら、三島は戸惑ったのではないか――。

最後まで決起を共にすることを自衛官に呼びかけた三島に、応じる者が現れたら断ることはできない。しかし受け入れたらシナリオが狂う。他方、断ったら市ケ谷事件は、三島が自己顕示欲のために自衛隊を利用した茶番劇になってしまう。だから、状況を計画通りに遂行するには「死」の脅しをもって自衛官を躊躇させるほかない。

自衛官にしても、いきなり「共に死のう」と言われて、いつでも腹の切れる武士ではない。そんなことは、自衛官と四年の付き合いをしてきて三島は百も承知だろう。

さらに市ケ谷に乗り込んだ同志三人は生かしている。森田にも最後まで死ぬことを止めている。このような状況から「共に死のう」は、文字通り受けとめられない。結局「共に死ぬ」状況は成立しないのである。

「今からでも共に起ち、共に死のう」は、最後の一文「われわれは至純の魂を持つ諸君が、一個の男子、真の武士として蘇えることを熱望するあまり、この挙に出たのである」と一体として読まなければ正しい解釈はできない。この二文をもって、三島は持丸の言う「絶望」を止揚し自衛隊に「蘇り」の期待をかけたのである。

最後の二文の意味は、「至純の魂を持つ諸君に熱望する。『憲法改正』を自衛隊内外へ喚起するため、共に死ぬ気で受け継いでくれ」ではなかったか。

ところが、そう解釈しても、現場で三島が最期に発したひと言はなお疑問が残る。三島はバルコニー前に参集した自衛官の高まる野次を抑えきれず、わずか七分で演説を切り上げ、「まだ諸君は憲法改正のために立ち上がらないと、見極めがついた。これで、俺の自衛隊に対する夢はなくなった」(当時の記録映像)と述べてバルコニーから消えた。

檄文最後の言葉の解釈とバルコニーで言い放った三島の最期の言葉の整合性をどう理解すればいいのか。

自衛隊は、憲法を改正して建軍の本義を回復するたった一つの組織である。この自衛隊と三島の関係を、彼がよく引き合いに出す「君《きみ》、君たらずといえども、臣《しん》、臣たらざるべからず」の言葉から再び解釈したい。「君たらず」は自衛隊であり「臣たらざるべからず」は三島である。

この解釈に立つと、バルコニー前の自衛官たちの反応も三島の予期した範囲である。それは檄文の護憲の軍隊に対する不作為を責める言葉に表れており、「まだ諸君が憲法改正のために立ち上がらないということは、市ケ谷にやってくる前に予想はできた。演説すら聞こうとしない諸君はその予想通りであった」という三島の最期の言葉にも見て取れる。

三島はあるべき国軍と現実の自衛隊の乖離に悩んではいるが、これらの言葉に三島が自衛隊を否定する意味は含まれていないと考える。「臣たる三島」が「君たる自衛隊」を否定するとは考えられないからである。

自衛隊はいまだ国軍たらずとも、憲法を改正しこれを国軍とするのが、三島の最終目標（夢）である。バルコニーから発した「俺の自衛隊に対する夢はなくなった」は、治安出動の機会もなくなり、護憲の軍隊となっても意識改革もしない自衛隊（君）に夢はなくなったけれども、三島（臣）は自衛隊（君）を覚醒させるため、憲法改正のさきがけとなって腹を切る。すなわち、「君、君たらずとも、臣、臣たる」覚悟の叫びなのである。

三島自決の衝撃

昭和四五（一九七〇）年一一月二五日の昼休み、三島との次の会合をいつにするか思案をしていた一二時半ごろ、虫の知らせというか何となくテレビをつけた。突然「三島由紀夫が市ケ谷自衛隊に乱入」というテロップとアナウンサーのがなり声、そして制服姿の三島が市ケ谷本館バルコニーで絶叫する姿が映し出された。

三島が演説した現場のバルコニー前は混乱していた。彼の演説は取材ヘリの騒音でかき消されてわからなかった。最初から三島に対する激しい野次が飛び交った。三島が斬りつけ、血まみれとなった自衛官が、三島の立つバルコニー下の正面口から救急車に搬送されるのを隊員たちが見て激高し、さらに野次がひどくなった。バルコニー上の三島にはこの状況はわからなかったであろう。三島は一向に好転しない状況を見て演説を早々に切り上げ、最期の言葉を叫んだあと、「それではここで俺は天皇陛下万歳をする」とつぶやき、バルコニーから消えた。そのあと「天皇陛下万歳」が森田の唱和とともに三度聞こえた。

その次にテレビで伝えられたのは、三島と森田の自決のニュースであった。

ついに一度として三島を巻き込めなかった！

あとで知ったことだが、一〇月一九日、三島は「楯の会」会員四人と共に銀座の東条写真館で記念写真を撮っている。一〇月一八日に感じた話の腰折れ、何か違うとの印象はこれほど計画が進んでいたためだったのかと感じた。

昼のニュースで流れた三島の自決は中隊隊員にも大きな衝撃を与えた。彼らもテレビ中継に釘付けになった。中隊の付《づき》幹部（特科中隊では戦闘編成時以外、中隊長のほかはこう呼ばれる）だった私は、何かできることはないかと考え、中隊長の川島二尉の許可を得て隊員に対して檄文を読み上げ、後日改めて教育することにした。

檄文が記事になったのは全国紙の夕刊（朝日新聞は一部削除）である。したがって夕刊に掲

三島事件の舞台となった東部方面総監部。正面バルコニーで三島は最後の憲法改正を訴えた。右は三島・森田両烈士が切腹した総監室。同部屋は陸軍士官学校として建てられたとき、卒業式に来臨された昭和天皇が休憩された部屋である。

載された檄文を読み上げたと思われる。おそらく課業終了直前に夕刊を入手して、中隊員を娯楽室（集会室）に集めたのだろう。

　檄文を読み聞かせると知った別の中隊員も興味をもって集まって来たため、たちまち狭い駐屯地内の話題になった。当然、駐屯地の調査隊も知ることとなり、この日から駐屯地を去る昭和四九（一九七四）年七月一五日まで監視の目がつくことになった。

　たとえば、駐屯地の警備を二四時間担当する警衛隊の司令につくと、警衛所の入り口に見慣れぬ中年の陸曹が立ち、私に「ご苦労さんです」とあいさつしてきた。はて誰だったかと思っていると、しばらくして調査隊の陸曹だと気づいた。調査隊は私の指揮下にある警衛隊と、管理下にある実弾が気になったのであろう。私が三島事件をまねて、警衛隊の隊員に実弾を配って駐屯地司令室を占拠するなど、最悪の挙に出ることを恐れたのかもしれない。そこまで考えなくとも、牽制する意味はあったであろう。

実際これ以降、私は「もののふの魂を蘇らせる」のために隊員教育に精を出すのであるが、それが調査隊から見れば目を離せぬ行動と映り、私が部隊でクーデターを計画しているような風聞となって流れ、ついには陸幕長のお忍び視察へとつながるのである。それについては後述する。

警視庁、警務隊の事情聴取

一一月二五日、事件当日の他部隊の反応に戻ろう。あきれる反応が散見されるのである。当日の夕方、まだ事件の余韻も冷めやらぬなか、三島が絶叫したバルコニー前の広場でバレーボールに興じる隊員らの姿が見られたのである。常識では考えられぬ行為である。これらは隊員もしくは職員の三島事件に関する無神経・無関心さを象徴しており、三島が嘆いたとおり、日本人の魂の腐敗、道義の退廃を表すものであった。

前述の杉原裕介によれば、事件当日は海上自衛隊下総基地の司令部にいて、その日の夕方つぎのような体験をしたという。

司令部の幕僚たちは全員、事件の概略と「檄」に記された内容を知っていた。ただ、裕介はその事件直後に奇妙な事実に気がついた。それは司令部の多くの幕僚たちの洩らす感想や裕介自身の問いかけに対する彼らの反応の意外さであった。幕僚のほとんどは、四十歳を越えており、まさに三島由紀夫と同年配であったが、彼らにとって、この事件は当惑以外のなにものでもなく、この事件が当面、自衛隊や一般社会に及ぼす影響、将来に影響を与えるであろう歴史的な意味についての洞察、ないしは事件そのものに対する今日的な評価についての個人的な見識が全くないことであった。さらに驚いたことには、三島由紀夫が彼らと同一年代であることすら知覚していないことであった。そのことは裕介の心に不可解なしこりを残した。（『三島由紀夫と自衛隊』）

幹部に至ってのこの当惑・不見識ぶりは、三島の諫死《かんし》の意味がすぐに伝わらなかったということだ。

三島事件から数日後のことと思われるが、私は東部方面警務隊の事情聴取を受けた。この辺の事情は三島との会合の手記を記したことが嘘のように記録が途切れていて、事件後に警務隊や警視庁の事情聴取を受けた日時がはっきりしなくなっている。おそらく茫然自失の状態が続いていたのであろう。

警務隊や前述の調査隊、さらに後述の警視庁などは、それまでの人生の中で縁のなかった相手であり緊張が続いた。警務隊の事情聴取は東部方面警務隊の担当者が私の駐屯地の警務隊北富士派遣隊へ出向いて行なわれた。担当は一尉であった。何を聞かれたか詳しくは覚えていない。

覚えているのは、聴取が善意に基づいて行なわれているなという感じであった。そのため、つい三島を擁護し、自衛隊を批判すると「そんなことを言ってはいけません」と釘を刺された。だから、私を三島事件の悪意の関係者に巻き込もうとする意図はまったく感じられなかった。

この点で、一年以上も三島と付き合いのあった山本舜勝一佐が警務隊の事情聴取を受けていないことが不思議である。実際、一二月初旬に警務隊の事情聴取の連絡が前日に入ったものの、まもなくそれが取り消されたという。私のほうが三島事件への嫌疑が濃かったというのか。おかしな図式である。

一二月初旬、日時ははっきりしないが、三島に送った手紙が警視庁に押収されたことから任意の事情聴取を受けた。私は中隊の先任陸曹から事情聴取の要請を伝えられた。その要請を伝えた先任陸曹の顔は忘れられない。こんな身近に警視庁に呼ばれる事件関係者がいるとは信じられないという表情だった。

事情聴取は警視庁の近くの虎ノ門会館で行なわれた。私は虎ノ門会館に行く前に警視庁へ立ち寄り、知り合いの公安関係者に挨拶した。彼は「押収された手紙が後々問題になると思えば、三島は破棄していたであろう。破棄しなかったということは、三島が問題にならないと考えたということで、気にしなくていいのではないか」とアドバイスしてくれた。だが、そのとき、以前会ったことのある公安参事官（？）に挨拶すると、前とはまったく違う鬼の形相でにらみつけられびっくりした。

事情聴取はもっぱら私の手紙の主旨を問うものであった。その主旨は軍民会合を提唱したものであった。それ以上でもそれ以下でもないことを粘り強く説明した結果、半日の事情聴取で帰された。

中隊員を集めて「精神教育」

この頃の上司の気持ちはどうであったか。中隊長はこのときばかりでなく、私に指図《さしず》することは日頃からほとんどなく、事前と事後の報告をすれば、企図したことはほとんど通る状況にあった。だから、とくに私に三島事件について、あれこれ言われたことはなかった。その中隊長が、珍しく私に大隊長（兼駐屯地司令）の感想を伝えてくれたことがあった。それは私が、調査隊に目をつけられ、警務隊や警視庁に事情聴取されていた時期である。中隊長によれば、大隊長は「今のご時世に若い幹部が憤慨するのは当たり前のことだ」と話されているとのことだった。

このような上司の理解に恵まれて、私は一二月一日と同月一〇日の各一時間、中隊の曹士三四名に「三島事件について」と題する精神教育を行なった。精神教育といっても三島精神を直接注入しようという教育ではない。そのような教育の仕方はたいてい逆効果になる。努めて状況を客観的に説明し、隊員自らに考えさせるのである。それでも、この教育をどういう流れで進めるかはむずかしかった。

この精神教育の主たる目的は、三島由紀夫の死に至る論理の説明である。

「なぜ三島由紀夫はあいう死に方をしたのか、それも自衛隊という場を使って」

それが隊員に共通する疑問であった。そのため、その疑問に答える説明をしたのである。

私は、三島の死に至る論理、すなわち「檄」の解説を準備しながら、若い隊員が理解できるかどうか考えた。本書の執筆でも、三島の檄文の解説は最もむずかしいテーマの一つであった。

いまあらためて檄文を分析すると、幹部自衛官ないし上級陸曹を意識して書かれたものであり、どれだけ一般隊員を意識していたかは疑問が残る。それでも、三島は多くの一般隊員に「檄」を撒き、演説を行なった。「有効性」は問題ではなかったのであろう。

私は、三島と同じ思いで、中隊員に対し教育を行なった。彼らも関心があり、三島が願う「至純の魂を持つ自衛官」に「魂の蘇り」の思いを込めて私は隊員に話をした。

私は次のように三島の論理を再構築した。

論理の始まりは、戦後日本への憤りであり、それを象徴するのは「軍の名を用いない軍」である自衛隊である。自衛隊を国軍にするには憲法改正をしなければならない。しかし、正当な手続きでは憲法改正は不可能であり、治安出動を利用した改憲要求の機会もなくなった。かくなるうえは自衛隊が自らの力を自覚して、論理の歪みを正すほかはない。しかし自衛隊は沈黙したままであり、沈黙する自衛隊はより深い自己欺瞞と自己冒瀆に陥っていく。

自らを冒瀆する者を待つことはできない。最後に憲法に抗議して死ぬ。至純の魂を持つ自衛官は一個の男子、真の武士として目覚めてほしい。

このような内容であった。私の話は三島思想の表面をなぞったにすぎないと言われればそうである。三島由紀夫と会ったことがあるとはいえ、今ほど三島に関する資料を集め、時間をかけて事件を考察したものではなかった。

当時、三島に会い、薫陶を受け、その思想に共鳴したことは事実である。しかし、事件直後に「檄」を読み上げただけで調査隊に目をつけられる環境である。前述の「ビッグ・イフ（もしも、あのとき！）」のような内容を語れる状況ではなかった。

三島事件を肯定する者、否定する者

「三島事件について」と題する精神教育のあと、私は中隊員に感想文を書かせたが、三島の思想行動を肯定・否定、あるいはどちらとも言えないという具合に単純に区分けすることは難しかった。たとえば、三島の精神は肯定するが行動は否定する、という具合に単純ではないのである。

傾向として、陸曹は肯定より否定が多かった。どちらとも言えないも、否定とほぼ同数いた。陸士は否定よりも肯定がやや多かったが、どちらとも言えないが最も多かった。当時は陸士の多くが中卒であったことから、事態がよく呑み込めていないという事情があったのかもしれない。

ここで、陸曹の感想文をいくつか紹介しよう。いずれも私のコメントは差し挟まず、誤字脱字の修正を除いて、原則そのまま収録する。

まずは否定的なK二曹の感想である。（当時の陸曹の階級は一曹が最上級で特科中隊には先任陸曹一人しかいなかった。したがって二曹はその次に高い階級である。現在は一曹の上に曹長があり、その上に幹部に准ずる准尉がある）

己の考えを暴力に訴えて人に強制するということは、民主主義社会では許されざる行為であり、その思想が一片の私利私欲のない、純粋に日本の将来を案じた愛国心からであるとはいえ、憲法改正問題等は現実には実現不可能であり、それを可能にするには自衛隊とクーデターを起こして実現させる考えに自衛隊が協調するはずがない。

事件後の処置まで考え、生存者に弁護士まで指名するほどの者が、何故、狂気とも思える今度の行動をとったのか理解できない。

文学者として、ノーベル文学賞候補に挙がるほどの才能を持つ作家を失ったことは、日本としても大きな損失であり、その家族の嘆きを思う時ふたたびこのようなことが起こらぬことを念願したい。

陸曹の否定的感想文の多くは、このような思考が多い。次に肯定的なO二曹の感想文である。

現在の日本は経済成長の中で平和ムードが過ぎている。ここでこのような事件が起こったので驚いて三島氏の行動行為について世間から批判の声が多いように思う。しかし伝統ある日本の大和魂、愛国の国民精神に生命をかけ目的を貫いたことは立派であったと思う。われわれも深くこの事件を洞察し、自衛隊の立場を考え直す必要がある。

最後にどちらともいえないN二曹の感想文である。

昭和元禄といわれる現代に活を入れ、これからの日本人のものの考え方、とくに自衛隊員に対し多くの問題を提起したことは大きな意義があると思います。しかし、文学の世界でノーベル賞候補とされるほど優れ、多くの生徒から師と仰がれ、年齢的にも四六歳（ママ）の人格者があのような方法によってのみしか訴えることができなかったのかと疑問に思います。

文学の世界では死を美化することはできても現実の死とは決して美しいものではなく、国の将来を憂うるという大義名分ではあるけれど行為そのものは犯罪であり、「自己の主義主張を貫かんがための将来への展望を見失って自殺した」と思います。

これからの余生を数少ない武士道精神の伝承に努力してくださったほうが私達自衛官のためには最も必要とされるべきと思います。

尚、憲法九条については、勉強不足ですが、原文を読むかぎり現在の解釈は歪んだものであり、いずれ手直しする時期が来るものと思います。

次に一般兵士にあたる陸士クラスの感想である。否定的なことを書いたものが四名ほどいるが、「意味がない」「ばかげている」「異常」などは読み取れるものの、前述の陸曹の文章と異なり、理由がはっきりしないまま論理が飛躍しており、掲載は控えさせていただくことをお許しいただきたい。

肯定的な感想文になるといくらかましになり、短いがはっきり意思表示されている。まずY士長の感想文である。

他人が何といっても、自分自身の私生活にしても、己の行動にしても自分に忠実に生きたと思う。人にはできないことを考え実行に移して、男としては立派であったと思う。

次はM一士の感想文である。

自分自身が今の日本国に興味がない。そこへ三島由紀夫の死が突如起こった。自分は初め、彼がしたことが立派である。それだけだった。

西村三尉の話を聞いてから、三島由紀夫は真の武士であると思った。自分自身日本国はこのままではいけない。自衛隊、また国を思う心は三島由紀夫にならなければならない。

(圏点はM本人)

もう一人、省略するにはもったいない穏やかで省察的な肯定論があるので付け加えておこう。A二士の感想文である。

一見平和で波の立たぬこの日本の一角で、ある特殊な事件が発生した。主人公の三島氏は過日の二四日（ママ）市ケ谷駐屯地において現代にない割腹ごとき自殺を図り、自己の主張主義を多くの人に知らせ、また、そのように社会あるいは国が進まねばならぬと強調した。主張たる言論は、我ら、いや今ここに存在しておる自分たち特別国家公務員すなわち自衛隊という組織を国のもの、国軍とすること。

つまり、自分が思うに現在の風潮、気風、大人たちのただ漠然と生きることそのものに活を入れたことだと思う。戦後二〇余年の月日が流れるとともに、そこには元来の日本人としての在り方、姿という存在が消え去り、彼が唱えた中に「日本男子たる真の精神が抜け、もはや日本の国に日本人はいない……」。すなわち彼の切望することはいかにこの状態に生活する人々を本来の姿の日本人に戻すか。それには前述した軍隊を組織する以外に道はないと考えた。彼はこの運動を起こす以前に、自衛隊に入隊した。そしてその体験をこう述べている。「眞の日本、日本人がやどるところ……」だと。この平平凡凡に生きる人々に真の日本人にかえれ!……と唱える偉大な人物の叫び声が、この凡愚なる自分にも聞こえてくる感がある。

陸士の最後にどちらともいえないM士長の感想文を紹介する。

戦後二五年、驚異の経済成長を遂げた現社会情勢下においても、人間性なかんずく日本人古来の武士道精神というか、あるいは他人を思う気持ちがみじんも感じられない。この気持ちを少しでも汲んだ組織は自衛隊である。この自衛隊が憲法九条に明確にされないまま社会の日陰者扱いされているのは何とも許せない。

まことにわれわれ自衛官にとっては大の協力者であったと思う。しかし、この気持ちをあのような行動で表現したのは間違っている。

曹士の感想文は以上である。彼らの三島の思想と行動に関する感想は、かいつまんでいえば、肯定否定相半ばである。おそらく一一月二五日の市ケ谷本館バルコニー前の状況も、約八〇〇名が参集したというが、曹士クラスが多かったと思われる。しかし方面総監部および陸海空の幹部学校があった駐屯地だから、意外に多くの幹部自衛官が加わっていたかもしれない（前述の菊地一尉は陸自幹部学校の学生として市ケ谷にいた。しかし学生は招集から外されたようで授業終了後三島の自決を知ったという）。

幹部自衛官は、わが中隊の上級陸曹と同じで、否定論を説く者が多かったと思われるが、三島を肯定する者も少なからずいたはずである。バルコニー前に参集した幹部自衛官が全員否定的だったとは言い切れないのである。

新隊員を引率して皇居参賀と靖國参拝

私は三島精神を生かし、「もののふの魂を蘇らせる」ことを目的として、翌四六（一九七一）年、かねてから考えていた行動を実行した。それは四月一日から私が教官となり、北富士駐屯地の第一特科連隊第五大隊において教育中の後期新隊員（野戦特科）四〇名（中砲四門一個中隊分）を、四月二九日の天皇誕生日に皇居参賀と靖國神社参拝に連れて行くことであった。私が期したのは、三島の期待に恥じぬ立派な自衛官となるよう日本の歴史と伝統を知ってほしいという願いからであった。

その意義を、助教を含め全員に説明すると、みな志願した。当然、私が引率するが、制服着用を義務づけた。そうなると、志願といえども部隊行動に見える。そこで私は中隊長と大隊長の承認を取り付けることにした。中隊長は問題なし。大隊長に代わって教育訓練担当の第三科長に申し出たところ、笑顔で「いいよ、行ってきてください」と承認してくれた。これで大隊長の承認を得たのも同様であった。

当日、まず皇居に向かった。天皇陛下（昭和天皇）への固定観念を排するため、事前教育はしなかった。陛下を拝顔して隊員が感じるままにさせようと考えたのである。

助教を含む四四名の隊員が四列縦隊で二重橋から皇居へ入り、皇居宮殿前へと進んだ。すでに多くの参賀者が宮殿前に集まり、このまま前進すると人垣にぶつかると判断した私は、縦隊を人垣の最後尾につけるべく、方向変換の号令をかけようとした。そのとき不思議なことが起こった。私たちに気づいた参賀者が、進行方向で割れ始めたのである。まだ最後尾までは間があり、私たちが無理に突っ込むという状況ではなかった。まるでわれわれを招き入れるようにゆっくりと人垣が割れていったのである。私は感謝し、そのまま直進すると、参賀者の中央付近で部隊を停止させた。

皇居宮殿のベランダ前で待機していると、天皇、皇后両陛下ならびに皇太子殿下（現上皇）、同妃殿下および皇族方がお出ましになられた。陛下はわれわれの方を一瞥されたあと、ひとしく参賀者に手を振られた。私が驚いたのは、皇太子殿下、同妃殿下および皇族方が長い間じっとわれわれを見つめたままであったことだった。しばらくは緊張と光栄で見詰め返していたが、あまりに長いので、なぜだろうと疑問がわいてきた。おそらく皇居前広場に四十数名の自衛官の整列は珍しかったのであろう。しかし、当時の制服は、楯の会の制服の色に似ており、遠目に見間違えられたのではないかとも考えた。

次に靖國神社で昇殿参拝を行なった。皇居を出てから雨が降り出し、靖國神社に着く頃には本降りになった。私も隊員も昇殿参拝は初めてのことで、いきなり行って許されるのか心配し

新隊員教育（野戦特科操砲訓練）の教官（中央）として４個砲班40名の教育を担当した。昭和46年４月29日、彼らを引率して皇居参賀と靖國神社参拝を行なった。写真の車両は治安出動訓練で使われた155ミリ榴弾砲牽引車。

たが、宮司さんは笑顔で迎え入れてくれた。

　本殿に進み御霊の前に額《ぬか》づくと、私も隊員たちも都心にこのように静かで神聖な場所があり、御霊は静かに眠っておられるのかと心打たれた。現在の遊就館の建物は当時はまだなく、靖國会館二階の「靖國神社宝物遺品館」を見学した
　すべての行事が終わり、帰路につくとき、私は隊員に訓示した。

「帰ってから、大雨で大変だったなと言われたら、『いいえ、本日は荒魂《あらみたま》のお出迎えを受け幸いでした。雨音の中に英霊の声を聴きました』と答えておけ！」

「諸官は今日から靖國の英霊によって守られる。辛いこと、厳しいことがあったら、諸先輩の艱難を思い、弱音を吐くな！」

隊員たちは声を揃えて「はい！」と大声で返事した。

三島事件後の一連の出来事により、私は駐屯地で一目置かれるようになった。着任時、部隊では隊員が幹部に敬礼せず、新任幹部が陸曹に敬語を使うなど、旧陸軍ではありえないような軍規のゆるみが見られた。私は初日から陸曹に敬語を使わず、一か月かけて、駐屯地全曹士の欠礼を片っ端から直させた。

「はじめて防大出らしい幹部が来た」と言われる反面、煙たがられることもあった。しかし、私が三島に関わっていたこと、三島事件について警視庁の事情聴取を受けたことなどがプラスに働き、隊員の私に対する好印象が生まれた。三島事件との関わりによって多くの隊員が私の考えを理解してくれ、信頼感が増したのである。

それから二〇年、同部隊を訪れると、事件当時、下士官（陸曹）になりたての三曹だった隊員から「三島由紀夫ですよね」と親しく声をかけられた。いまはすっかり中年になった准尉たちの姿を見て、時の流れを実感した。

消えぬクーデターの風聞

駐屯地では私を中心にクーデター計画の謀議が行なわれているとの風説が流れ続けた。どんな根拠で疑われていたのか、私は知らない。クーデターは歩兵が起こすというのが定説で砲兵が起こすというのは聞いたことがない。

そもそも砲兵には歩兵のような地域占領能力がない。だから砲兵によるクーデターは実行不可能なのである。

遠距離から国会議事堂を狙って撃つと脅せばいいではないかと思われるかもしれない。しかし、砲兵射撃には「命中させる」という概念がない。弾丸は落ちる際「散布」する（一点に集中しない）からである。つまり目標を狙って当たるなどまぐれである。都心で目標から逸れたら副次的被害（たとえば近隣建物に落ちる）をもたらすことになる。つまり国会議事堂を照準するなど危険で実行不可能である。

まして弾薬を取り出すことはできないし、北富士駐屯地から当時の軽戦車より重くなる火砲を牽いた牽引車で、重量制限のある中央高速道路を通って速やかに都心に出られるか疑問である。都心に出て砲を布置し前進観測班を展開したとしても、航空偵察で偵知され、歩兵部隊の制圧にあえば、自衛能力に乏しい砲兵は、あっという間にお手上げになる。

だから私が砲兵を指揮してクーデターを起こすなどということはまったくのデマである。おそらくクーデターの噂を流した者は、私がせいぜい何十人かの隊員に小銃を携行させ行動する程度であり、それでも何度も言うように弾薬庫は開けられないのである。

にもかかわらず、新たに着任した小駐屯地にふさわしくない防大先輩の大物業務隊長に脅された。彼は私に半村良の『軍靴の響き』という小説を突きつけて、この中でお前をモデルにしたクーデター計画が書かれている、と言うのである。読んでみると、九谷栄介と西村という陸幕の幕僚がクーデターを計画している話であった。九谷は一字違いの仮名であり、西村は実名である。ただし、西村は九谷の金魚の糞の扱いになっている。こんなもので人を脅かすとは何だと思った。

さらに調査隊が私の恩師江藤太郎の名前を偵知し、彼が私にとって北一輝のような存在であると勘違いしているらしいとわかった。江藤の存在を知ったのはおそらく私の車を尾行してのことだと思われる。

そのような嫌な思いをしていると、突然、わが第五大隊に対する中村龍平陸幕長のお忍び視察の知らせが入った。その理由はすぐに察しはついたが、まさかその程度の断片情報でどうして陸幕長がお忍びで動くのかわけがわからなかった。

当日、陸幕長との懇談会も組まれていた。懇談会に出席すると陸幕長の正面に座らされた。「やっぱり自分との懇談か！」。陸幕長は私を刺激しないよう静かに話をされた。ただ何を話したか覚えていない。身に覚えのないことだから緊張も興味もなかった。

数年後、私が内局国際室へ異動したとき、武官団のパーティーで、栄進された中村統合幕僚会議議長にお目にかかった。そのとき、中村統幕議長は北富士駐屯地視察の感想を話してくれた。

「あのとき駐屯地に不穏な空気はなかった。それは駐屯地の営門を入ったとき、すぐにわかった。不穏な空気があれば、必ず伝わってくる」

彼は陸軍士官学校の出身者であった。それを聞いてさすがだなと思った。と同時にガセネタで陸幕長をお忍び視察に呼んだ駐屯地幹部、とくに調査隊のやり方にいいしれぬ憤りを感じた。

第八章　三島の防衛論

米国「ランド研究所」で戦略を研究する

三島事件で明け暮れた北富士駐屯地での勤務期間中、東京・小平市にある調査学校（現在の情報学校第二教育部）英語課程で半年学んだ。英語課程では良好な成績をおさめ、将来英語を使う仕事をしたいと思った。それから一年後、私は調査学校から英語教官の指名を受けた。このときばかりは中隊長から真剣に「どうするか」と尋ねられた。

当時、私は戦砲隊長（砲列の指揮官、実質副中隊長）の職務についており、次は中隊長であった。中隊長の役職には魅力を感じた。しかし、北富士部隊在籍四年間のうち、英語課程半年、技術研究本部弾道研究室に二年間派遣されており、実質は都内の勤務のほうが長かった。中隊長を取るか東京での新しい勤務を取るかずいぶん悩んだが、思い切って英語教官の指名を受諾する旨を中隊長に伝えた。私は新風を求めたのである。思いもかけず、これが私の部隊勤務の最後になった。

昭和四九年七月、調査学校英語教官に赴任したことが、その後、戦略家として自衛隊と防衛大学校で勤務するきっかけとなった。これ以降の自衛隊時代は拙著『防衛戦略とは何か』（PHP新書）に詳しく書いたので、ここでは簡単に述べる。

調査学校で一年間、英語教官を務めると、学校長の副官になるよう言われた。一年で教官をクビかと思ったら、学校長の英語教官をやれということだった。学校長と英語で会話しながら副官業務をこなし、毎朝届く大量の資料を秘書と二人で選り分けて、学校長に情報を上げた。その中でひときわ知的興味を引く英文の資料があった。それは米国の『年次国防報告』すなわち国防長官の議会に対する防衛力整備に関する年次報告であった。その中に防衛力整備が完成した場合どのような戦略がとれるのかが書き込まれていた。戦略という言葉は知っていたが、それが公文書になっているのを見たのは初めてだった。「これは面白い！」。私はアメリカへ留学し、戦略を勉強したいと思った。

他方、三〇歳で結婚し三児をもうけた。こうして三島の言った「妻や子はかわいい」という気持ちを実感できるようになった。

調査学校のあと、昭和五九（一九八四）年三月、防衛庁内局国際室へ異動した。そこで岡崎久彦国際関係担当参事官の部下となった。私の本務は、防衛庁の在日武官団と外国からの訪問者に関する渉外・儀典であった。なかでも私は防衛政務次官の通訳を担当した。このため英会話スキルを磨くことができた。

本務の合間には岡崎参事官に各幕僚監部の課長クラスになり始めた防大一〜三期の先輩たちを引き合わせ、天下国家を論じる場を設定する下足番に励んだ。この際、参事官は私を常に末席においてくれた。参事官によれば、勉強させるということだけではなく、会合の内容の証人にするということであった。

そのうち岡崎参事官に防衛局調査第一課と第二課の使い走りを命じられ、第二課米国班の増援要員に用いてくれるようになった。調査第二課の先輩からは「情報担当特別補佐官」と呼ばれたが、それがまたうれしかった。

私は戦略を勉強するためアメリカに留学したい旨を強く願い出ていた。勤務年数二年になった頃、「日ソ戦争」に関する論文を岡崎参事官に依頼されて書き、これを認められ、いきなり米国最古、つまり世界最古のシンクタンクの「ランド研究所」へ二年間の留学が決まった。昭和五五（一九八〇）年秋のことである。

当初、アメリカの大学院への留学を希望していたから、一足飛びにシンクタンクに行くことになった。それだけにさまざまな苦労があった。研究員はみなハーバード大学などの大学院を終了した博士で、軍やCIAの委託研究にたずさわり多忙であった。私のような戦略論の素人同然のものは最初まったく相手にされないように感じた。しかし、彼らの昼食に加わっているうちに、昼食時だけがみんなの貴重な会話の時間なのだとわかった。だから私が避けられているわけではなかった。それまでの日本のオフィスでのように仕事中ぶらりと人を訪ねるのはご法度だったのである。

こうして少しは状況がわかってきた三か月目くらいの頃、私は真に青ざめた。ランドに来た当初からここの図書館は当然のこととして、図書館司書に頼んで広くアメリカ各地の図書館に日本関係の防衛研究に関する資料があるか探してもらっていたのであった。その答えが「皆無」であった。老舗ランド研究所にないのだから、戦後三五年間、アメリカ軍からシンクタンクや戦略研究所に委託された日本関係の防衛研究の成果が見つからなかったのは、当時としては不思議ではなかった。しかし、腹が立った。

「日本の防衛はアメリカに無視されているのか！」

そこで、研究部長に「資料がない」とねじ込んだ。

ランド研究所玄関前に立つ筆者。三島事件後初めて手ごたえのある人生を過ごすことができた。ここでの研究成果により三島氏の「自衛隊二分論」を克服することができた。これは三島氏への恩返しだと思っている。

「だからお前を呼んだのではないか」。あっさり返された。

そうか日本の防衛戦略はやはり日本人の手でか。その使命の重大さに気を引き締めた。

このころのアメリカの戦略研究の主体は核戦略とヨーロッパにおけるソ連軍とNATO軍の決戦であった。だから太平洋には関心が及んでいなかったのだ。

私は孤独の中で研究に励んだ。試行錯誤の末、北欧の戦略環境と北日本のそれとの相似性（ノルディック・アナロジー）を見いだし、一年半後、グローバルな観点から見て、八〇年代初頭から一〇〜一五年後まで続く日本に対する脅威として、北日本に対するソ連の着上陸攻撃の脅威（直接侵略の脅威）を導き出し、その脅威を抑止する戦略を案出した。また、その戦略は日米連合（共同）戦略への広がりを見せることを証明した。その研究成果がランド研究所で認められた。

その成果の要点は次の通りである

オホーツク海にはアメリカ本土を狙うソ連弾道ミサイル潜水艦（SSBN）が潜む。有事には、このSSBNをアメリカの攻撃型原潜（SSN）が攻撃する。米SSNの攻撃を阻止するため、ウラジオストクのソ連水上艦艇と攻撃型原潜（SSN）がオホーツク海へ全力出撃する（一部日本のシーレーンを牽制攻撃するSSNは西太平洋を目指す）。そのためウラジオストクとオホーツク海をつなぐ宗谷海峡か津軽海峡または双方を突破する必要がある。この結果二海峡を擁する北日本はソ連の着上陸侵攻（直接侵略）の目標になる。

逆に日本がこの二海峡地域を擁する北日本を固守すれば、ソ連艦艇の通峡は阻止され、オホーツク海からアメリカ本土を狙うソ連SSBNは無防備になる。

そのソ連SSBNをオホーツク海へ進入したアメリカのSSNが撃沈する。

これによりソ連SSBNのアメリカ本土への核攻撃は阻止される、こうしてアメリカの核優勢は確保され同盟国への核抑止力は担保される。

核抑止力に加えて北日本正面における日本の通常戦力を強化することによってソ連の通常戦力による日本への着上陸侵攻の脅威を抑止するというものであった。

かくいう証拠を提示しよう。七〇年代には西太平洋はもちろんのこと、一時、東太平洋にまで進出を試みたソ連太平洋艦隊の司令長官が「今日（注：一九八〇年以降）では同艦隊はシーレーンの防衛を第一に重視している」と述べた。一九九一年四月、ウラジオストクで開かれた国際会議に参加した私は、ソ連艦隊を訪問した際、同長官の歓迎挨拶の中で直接これを聞いた。

同艦隊が防衛するシーレーンとは、ウラジオストクから宗谷海峡・津軽海峡を通ってオホーツク海・カムチャッカ半島を結ぶものであり、同長官の言は、案出した自衛隊の戦略がいかに同艦隊の急所を衝いていたかを図らずも示唆するものであった。

こうして戦後はじめて日本の防衛戦略が誕生したのである。一九八五年三月のことである。それだけではない。この研究成果が米軍と米安全保障専門家のあいだに拡散し、米太平洋軍も同様の対ソ抑止戦略を採るのである。（「海洋戦略」一九八六年一月）

当時の私は、成果をあげて日本へ帰れるか心配で心労が絶えなかった。のちに岡崎大使は「強いやつと打たせておけばそのうち強くなると思った」と言ったが、ノックアウトされる寸前で立ち直ったのだった。

ともかくランド研究所での私の研究は成功裏に終わった。その成果を知ったハーバード大学の国際問題研究所から、「秘」の部分を削除した研究成果を共著として書いてほしいと依頼され、さらに成果は広まった。

陸幕防衛班で対ソ抑止戦略を主導

帰国後、陸上幕僚監部（陸幕）にも研究成果が認められ、防衛部防衛課防衛班に補職された。同班では「陸上自衛隊将来構想」というプロジェクトの主務を任された。

内容はアメリカでの戦略研究の成果を陸幕の施策の中枢に据え、陸幕各部をあげて陸自の新体制をつくることだった。

対ソ抑止戦略の策定はすでにランド研究所で済んでいたので、この作業はとくに難しいものではなかった。難しかったのは、それまでの戦略に代え、新戦略を陸幕と防衛庁内に浸透させることであった（庁内施策は省略する）。

若い幕僚は比較的早くなじんでくれたが、それでも各課の損得計算が入り混じって調整に時間がかかった。しかし誰もこの戦略に反論することができなかったので、道は自然に開けた。

難しいのは部長クラス以上であった。列島守備隊という旧思考にとらわれていたら日米共同や対ソ連グローバル抑止というグランドデザインはつかみきれないだろうなと思った。

最初、石井政雄陸幕長（のちの統幕議長）に個別に説明を試みたが納得されず、「それは君の考えではあっても陸幕の考えではない」とまで言われた。結局、間をおいて三度説明に行きようやく納得され、最後はスピーチ原稿を書くよう命ぜられた。

陸自将来構想の締めくくりは部長会議であった。担当者は防衛課長松島悠佐《ゆうすけ》一佐（のちの中部方面総監）であった。課長には戦術があった。私を連れて各部長を訪ね、明朗にふるまいながらブルドーザーのごとく道を開け、私に説明させるのである。こうして部長を各個撃破していった。

次いで複数回にわたる本番の部長会議である。同じく防衛課長が司会役を務めた。いったん各個撃破したはずだが旧思考は根深い。そんな時ふたたび同席した私に説明の番が回ってくる。たいがい撃破できたが、それでも膠着状態に陥ることがあった。そんなときは防衛部長西元徹也将補（のちの統幕議長）の出番となる。西元将補は私が陸幕に入る前に学会賞をもらっていた戦略論文を早々に入手し、将来構想はこれで行くと決めていた経緯があり、部長会議の駆け引きは水際立っていた。こうして陸自将来構想は陸自施策として決まった。

このような対ソ抑止態勢が整備されると、ソ連は、極東のみならず、欧州および中東にもうかつに手が出せない。こうして北日本における対ソ抑止戦略は日本のみならず、欧州および中東に対するソ連の脅威の抑止に貢献するものとなった。北日本防衛がグローバルな抑止に貢献する、これが陸自の将来構想の要点であった。

その後、同期で同職種の柳澤壽昭二佐（昭和四五年四月、ともに三島邸を訪れた）が防衛係長として着任し、二人で私の戦略をもとに地対艦ミサイル（ＳＳＭ）や多連装ロケット（ＭＬＲＳ）を導入し、「洋上・水際《すいさい》火力撃破」という新しい戦い方を考えた。沿岸に張り付いて後退しないこの戦い方は従来のじりじりと後退を余儀なくされる「内陸持久」を一新するものであった。この際、戦術や具体的な防衛力整備は柳澤のお家芸であった。

このころから運用一班では、日米共同作戦や日米共同研究が始まった。私は防衛力整備を担当する防衛班であったので表に出ることはなかったが、主務者の赤谷信之（防大四年のとき滝ケ原で最初に一緒に三島を訪ねた男）は逐一報告してくれた。私は進んでアドバイスをあたえた。

正直アメリカ側と丁々発止《ちょうちょうはっし》をやる赤谷がうらやましかったが、私のところへは戦略思想を尋ねる米国からの安全保障専門家の訪問が絶えなかった。

私は、今日の対中戦略を対ソ戦略のアナロジーとして考えている。紙幅がないので詳しく語れないが、端的に言えば、北日本正面を西日本正面に移動させればよいのである。後輩の何人かの西部方面総監経験者は北方戦略を適用したと私に述べた。

中国が「一帯一路」戦略に成功すればグローバルパワーとなるが、今のところ難しいようだ。この場合、対中戦略の効果もインド・太平洋地域に限られる。

現実離れした三島の「国土防衛軍」

昭和四四（一九六九）年一月、三島は猪木正道と対談し、「自衛隊二分論」を提唱している（『若きサムライのために』）。前述したように三島の「自衛隊二分論」は、前年防大で学生に講話した中に含まれている。この時の講話では骨子にとどまっているので、猪木との対談からあらためて引用する。なお、猪木は翌四五年七月、第三代防衛大学校長に就任する。

防大で三島の「自衛隊二分論」を初めて聞いたときは、概念的にわかる程度であった。それから半世紀、あらためて三島と猪木の対談を読み直すと、自分が戦略の専門家の一人として三島の防衛論を論評することに感慨深いものがある。

私（注：三島）は日本の防衛について、自衛隊二分論という考えをもっているんですよ。

つまり、陸上自衛隊の九割、海上自衛隊の四割、航空自衛隊の一割を国土防衛軍にして、革命勢力の浸透のような間接侵略に対処させる。自衛隊は現在でも，おもな任務は間接侵略への対処ですし、もともと間接侵略は安保条約とは関係のない、まったくの自主防衛の領域だから、そのくらいは国土防衛にとっていいのじゃないか。

残りは国連警察予備軍という形で、編成から制服まで別にする。新憲法の下では海外派兵もできず、核兵器も持てないけれども、あくまでも安保条約に忠実な警察予備軍にする。

（中略）要するに今となっては、われわれのナショナリズムというか、国民の独立、自立への要求が、単なる安保条約支持ではすまなくなってきている。その具体的解決策は自衛隊を二分するしか考えられないんです。


以上が三島の「自衛隊二分論」である。二分論の根拠は、まず国土への脅威認識と、日本のナショナリズムの左翼からの隔離にあった。三島の脅威認識は、今まで見てきたとおり間接侵略であり、日本のナショナリズムの左翼からの隔離の必要性は、安保条約支持では日本のナショナリズム、すなわち国民の独立、自立への要求を満たしきれないことにあるという認識である。このナショナリズムを囲い込むため、三島は「国土防衛軍」に非常な力を込めて説明する。

国土防衛軍のほうは、いかなる外国軍隊とも条約を結ばない。われわれの独立軍隊ですから、治安出動する場合にはわれわれが自分たちの秩序を守るために出す、ということになります。いまの状態では、アメリカの差しがねで日本人のナショナリズムを弾圧するために出動するのではないか、という口実を敵方に与えるおそれがあるわけですけれども。ただ、その場合に、われわれが間接侵略に対処するのは、武器によってではない。われわれの魂によってです。魂がなければ、どんな武器を持とうが、も抜けのカラだ。スイスの民兵制度のように、市民が一定の期間訓練を受けて、いつでも立ち上がれる用意をする——そういう制度をつくれという声が、国民の間から起こってくるようでなければだめです。

インテリが口先で防衛論争をやるだけではなくて、国民一人一人国を守るという気概を持たなければ、現実に侵略に対処できないのです。

これはいかにも、一九六〇年代後半、三島が情熱をたぎらせた頃の国際および国内情勢である。しかし、もし三島の主張どおりに陸上自衛隊を対間接侵略部隊に改編していたら、改編が終わった時点でたちまち北日本に対するソ連地上部隊の着上陸侵攻の脅威に直面したであろう。

三島の言う「魂の防衛」は正しい。今でも国民にそれが不足していることは深刻な問題である。それでもソ連軍の直接侵略の脅威に対して「対間接侵略装備」では抑止も、対処もできなかったであろう。三島の言う七〇年代の間接侵略の脅威は、八〇年代初めには直接侵略の脅威に取って代わられたのである。

私が任ぜられた陸幕防衛部防衛課防衛班中期防衛係は、一〇年をスパンとする「防衛計画の大綱」と五年をスパンとする「中期防衛力整備計画」を担当していた。大綱は一〇年をスパンとするといっても、実際は一〇〜一五年の将来を見通すものである。それが前述した国際情勢の変化と日本の防衛戦略の変化である。したがって、編成装備は、そのときどきの脅威認識に応じ弾力性をもたせるのはよいが、作戦基本部隊（師団・旅団）が骨抜きになるほど大きく変えるのはよろしくない。情勢の変化に対応できなくなってしまうからである。

三島の「自衛隊二分論」にあるように、航空兵力の一割しか国土防衛にあてず、あとは国連警察軍に提供してしまっては、八〇年代のソ連軍の直接侵略の脅威に対し航空優勢の確保は不可能である。しかも日米安保がないのだから米空軍の来援も見込めない。

以上の理由から、三島の国土防衛軍構想はその魂は評価するが、中長期の情勢判断および作戦構想ならびに編成装備の考え方のすべてにわたり硬直していて評価できない。

自衛隊はアメリカの傭兵か？

しかし、三島は「囲い込むべきナショナリズム」を違った面から勘案している。この点につき、菅谷幸弘は「試論　戦後作家における自衛隊への視点と表現─三島由紀夫と半村良の比較から」（『高崎商科大学紀要』第三三号、平成三〇年）で次のように述べている。

檄文の後半部分には「あと二年のうちに自主性を回復せねば、左派のいふ如く、自衛隊は永遠にアメリカの傭兵として終わるであらう」とある。この「あと二年の内」の根拠は文面には明らかにされていない。しかし、三島が同年夏、保利官房長官の求めで口述した「正規軍と不正規軍」を読むと、その答えは明確になる。三島は一九七二年の沖縄返還後も相当数の米軍基地が沖縄に残り、「自衛隊が沖縄の人民と米軍基地の間に立ったらどうなるんだらうか」を仮定していた。自衛隊がデモを鎮圧できなければ自衛隊の威信は失墜し、逆に自衛隊が実力行使すれば反対派のヒューマニズムに利用されるとし、いずれの場合でも「アメリカは涼しい顔をしてゐる」と予測していた。その上で、「アメリカの傭兵」たる方向に進む自衛隊を沖縄返還前に国軍化しなければならないが、「自衛隊内部に危機感など微塵もない」と述べている。この時点で三島は日米安保体制があるかぎり、米軍の日本駐留は続き、自衛隊は軍隊になれないという現実に気付いていたのである。

この菅谷の解説を読んで、私が三島に納得できない点は二点ある。

まず、昭和四七（一九七二）年の沖縄返還後も相当数の米軍基地が沖縄に残り、「自衛隊が沖縄の人民と米軍基地の間に立ったらどうなるのだろうか」という三島の仮定は間違っている。自衛隊が沖縄の人民と米軍基地の間に立つことはありえない。米軍基地警備の役割は自衛隊ではなく警察である。自衛隊の基地すら警察が警備するのである。そのうえ機動隊は七〇年安保闘争鎮圧の実績があり警備に慣れている。なにもデモ隊鎮圧に不慣れな沖縄県警だけが対処するのではない。

次に、「アメリカの傭兵」論である。三島は「日米安保体制があるかぎり、米軍の日本駐留は続き、自衛隊は軍隊になれない」という現実に気付いていたというのは、米軍の駐留が続く沖縄返還後は自衛隊が「アメリカの傭兵」となってしまい国軍になれないという意味であろう。

正直、私にはよく意味がわからない。強いて所見を述べれば、まず、私は日米安保体制があるかぎり米軍の日本駐留は続くということと、自衛隊が軍隊になれないということは関係がないと思う。むしろ陰謀論じみている。確かに今日まで自衛隊は国軍になれないが、これは国内事情である。詳しくは次項の憲法改正問題で論じる。

さらに「国土防衛軍のほうは、いかなる外国軍隊とも条約を結ばない」という三島の主張は、ナショナリズムの囲い込みに力点が置かれていることを忘れてはならない。自主防衛を実行しようとすれば、三島独特の任務重視の戦略的思考に陥る。三島は国際情勢の見方が恣意的で間接侵略主体の脅威が今後長く続くから自主防衛が可能と見ていたのである。これは思い込みである。

前述したように、八〇年代から日米連合（共同）作戦の時代が来て、日米の防衛態勢がシンクロナイズして、日本国土の防衛のみならず、日本の防衛がグローバルな西側防衛に貢献したのである。それまではアメリカが日本の防衛態勢を一方的に補完していたもの（縦の関係）を、日本がアメリカの態勢を相互補完することになったのである（横の関係）。これ以来、今日までこの関係は変わらない。これをアメリカの傭兵化というのであれば見当違いもはなはだしい。

米国の技術を徹底的に盗み、特定の分野で優位に立った中国の例はあるが、現代では一国だけの先進的防衛は成り立たない。冷戦時、中立国スウェーデンが、ＮＡＴＯとワルシャワ条約機構の同盟を利した技術競争に挟まれて取り残され、国の防衛を危うくしたという現代史の教訓を忘れてはならない。

先進的な三島の「国連警察予備軍」構想

三島は国土防衛軍に比べ、国連警察予備軍についてはあまり多くを語っていない。しかし、国土防衛軍のあまりにもナショナリズムに偏った存在意義に比べ、国連警察予備軍は独創的で今日のＰＫＯを先取りした先進性がある。この点で三島の国連警察予備軍構想を今日的に発展させることが望ましいと思われる。

まず技術的なことであるが、国土防衛軍と国連警察予備軍の兵力の配分比は抜本的に見直す必要がある。とくに国連警察予備軍へ海自の六割、空自の九割を供出するというのは、現実の国土防衛から考えても明らかに多すぎる。これは三島が間接侵略を主たる脅威とする見立てを行ない、現実には直接侵略が主たる脅威となったことから起こった齟齬である。

三島の意見でわかりにくいのは「（国連警察予備軍は）あくまでも安保条約に忠実な警察予備軍にする」とするという点である。安保条約の中心事項は国連憲章第五一条の自衛権、とくに集団的自衛権行使の規定を確認したものであり、これは米国の日本防衛義務を定めたものである。したがって、三島が言うような自衛隊をもって国連警察予備軍とする類のものではない。

また本来、国連軍、国連平和維持活動（PKO）、国連平和維持軍（PKF）あるいはアメリカなど共に行動する多国籍軍は、安保条約すなわち自衛権＝国権とリンクするものではなく、国連の権限とリンクしているのである。

結局のところ三島は、安保条約を日本の国土防衛から切り離したいばかりに、安保条約における集団的自衛権（国連憲章第五一条）と国連の集団安全保障措置（憲章第一条）を取り違える錯誤を犯していると思われる。

例外的に国連の権限に基づかない有志連合（多国籍軍の別名、最近はこの名が多い）がある。有志連合への参加は「意志ある諸国の連携（原語の訳）」という意味で日米安保体制とリンクさせて考えることが可能である。ただし有志連合のリンク（手段）を集団的自衛権とすると、その場合、被害国が各国に支援要請を出さなければ集団的自衛権は発動されないので手続きに時間がかかる。したがって集団的自衛権をリンクとして有志連合が形成されることはほとんどない。

その代わりに有志連合はリンクを集団安全保障措置として国連の許可が下りることを前提に形成されると考えるほうが実情に則している。そう考えれば三島の企図する日米安保体制と国連警察予備軍の構想もつながるのではないか。

ところが、三島の「国連警察予備軍構想」を実行に移そうとすれば、さらに大きな問題に直面する。昭和三一（一九五六）年一二月、日本が国連に加盟したとき、外務省をはじめ誰も日本国憲法九条と同九八条の「日本国が締結した条約及び確立された国際法規は、これを誠実に遵守することを必要とする」との条文の間、すなわち九条の交戦権の否認と国連憲章第一条の武力行使の義務の間でつじつまが合っていないことに気がつかなかった。

このため、国連憲章の「平和に対する脅威の防止及び除去と侵略行為その他の平和の破壊の鎮圧とのため有効な集団的措置をとる」という義務を負ったにもかかわらず、今のように憲法の制約といって国内法を優先し、国連集団安全保障への軍事的協力にしり込みをしたままですますことが続けられるかという問題が生じるのである。

三島が国連警察予備軍を提言した時代に、ＰＫＯはなかったし、ＰＫＯが牧歌的な時代から今日のように住民保護のためなら武力の行使（本格的戦闘）を許されることなど考えられなかったであろう。ここまで先のことを三島が見通せたとは思えないが、国連集団安全保障への軍事的協力にしり込みしない三島を想像するに難くない。ここに憲法問題が浮かび上がる。この問題については次項で言及する。

三島由紀夫の「憲法改正論」

前述したように、三島は昭和四四（一九六九）年一二月に憲法研究会を発足させ、翌四五年一一月二五日の決起の頃に、その草案作りを急がせていたことがわかっている。しかし、この草案は未完成に終わっている。結局、三島のまとまった憲法改正論というのが見当たらないので、『裁判記録「三島由紀夫事件」』の判決要旨から口語体で適宜抽出し代用する。

三島は、以前より天皇を日本の歴史、文化、伝統の中心であり、民族の連続性、統一性の象徴であるとし、このような天皇を元首とする体制こそが政治あるいは政体の変化を超越する日本の国体と呼ばれるべきもので、この国体こそが真の日本国家存立の基礎であって、これは、現在はもちろん将来にわたっても絶対に守護されるべきものであると考えていた。

また軍隊は、現状に照らせば国を守るためには必要不可欠の存在であり、「建軍の本義」は、真に日本を日本たらしめているこの国体を護持するところにあるという観念をいだいていた。したがって憲法上も天皇の地位を元首とするとともに、軍についても明確に規定すべきであると主張していた。

すなわち、日本国憲法は天皇の存在を規定しながら元首とせず、自衛隊が存在し、物理的には軍隊としての実質を備えながら常識的な憲法解釈としては違憲であるのにそのまま放置されている。しかも憲法そのものが敗戦後、連合国、中でもアメリカの占領下において真に自由な論議に基づかず、押しつけ的に成立した屈辱的存在であるから、このような敗戦の汚辱を残したうえ、明白に違憲の存在である自衛隊を姑息な法解釈によって合憲とごまかしておくことは、ひいては日本の魂の腐敗、道義の退廃を招くもとになると主張した。

このような認識のもと、三島は、日本固有の伝統や文化を強調した独自の天皇論、国体論を理論づけていった。ただここにおける天皇は、文化概念としての天皇であるとし、その非政治的な性格を強調するという独特なもので、軍隊との関係も、天皇はこれに軍旗を授与し、栄誉を与える権能を有するにとどまり、統帥権を有することはないとした。憲法改正においてもこのような主張にとどまり、言論の自由、議会制民主主義の擁護を説く、ごく穏健なものであった。

ところで保坂正康によれば、三島は前述の憲法研究会で、国軍について、次のように問題提起し策案していたという。(『三島由紀夫と楯の会事件』)

第九条の条項はすべて削除し、その代わり日本国軍の創設を謳い、建軍の本義を憲法に明記すべきものだ。三島は、その条項はつぎのようであるべきだという。

「日本国軍隊は、天皇を中心とするわが国体、その歴史、伝統、文化を護持する事を本義とし、国際社会の信倚《しんい》と日本国民の信頼の上に建軍される」

私の憲法改正論―国連集団安全保障

三島が憲法改正を唱え、市ケ谷台上で自決してから令和二（二〇二〇）年で半世紀になる。自民党は平成三〇（二〇一八）年三月二四日、憲法改正の具体的条文案の作成のための「条文イメージ（たたき台素案）」を決定した。これは平成二九年以来、同党の憲法改正推進本部が優先的検討項目として位置付けてきた、①自衛隊の位置付け、②緊急事態条項の創設、③参議院選挙における合区の解消、④教育充実、という四項目を基調としたものである。そして、平成三一（二〇一九）年二月二〇日には同党憲法改正推進本部作成の文書「日本国憲法の考え方～『条文イメージ（たたき台素案）』Q&A～」を党員に配布した。

この二つの資料を見る限り、憲法第九条と自衛隊についての認識は何も変わっていない。自民党が目指しているのは憲法第九条全体を維持した上で、第九条の二を追加し、その一項の中で、必要な自衛の措置をとるための「実力組織」として自衛隊を保持すると明記している。それだけである。国体の本義とは何か、建軍の本義とは何か、ということを政治は忘れ去ってしまっている。それは何という皮肉か。第九条二項は削除されず、「加憲」という連立与党間の妥協に結実しつつある。事態は三島の憲法改正案と真逆に動こうとしている。

私は三島の国体論も建軍の本義もそのまま取り入れ、その方向での憲法改正に賛成である。そのうえで元軍人らしく軍事的観点から憲法改正案を補足したい。三島の防衛論には国土防衛軍と国連警察予備軍の二つがあった。両者の分割は形態的には依然正しい。しかし、先に述べたようにナショナリズムの囲い込みのために国土防衛軍を定義するのは時代に合わなくなっている。日本の国土防衛は八〇年代からグローバルな意義をもち、七〇年代のナショナリズムの囲い込みの意義をはるかに上回るグローバルな抑止に貢献する誇りを日本に与えてきた。

もちろん、これは三島の言う「国際社会の信倚と日本国民の信頼の上に建軍される」という建軍の本義に沿うものである。他方、三島の国連警察予備軍構想はPKOというかたちですでに日の目を見ている。以下、三島のユニークさが光り、かつ日本ではあまり論じられていない後者の問題、すなわち国連集団安全保障(多国籍軍を含む)に内容を絞って論じることとする。三島の国連警察予備軍という用語は一般的に使われていないのでここでは使用しない。

集団安全保障を議論するわけはグローバル化の今日、日本では国際公共価値(グローバル・コモンズ：国際の平和と秩序。以下、国際秩序という)に基づく議論が極めて限定的であると同時に、軍隊が国際公共財（国際秩序を維持・回復〔平和構築〕するための道具）であることがほとんど知られていないからである。

前述の自民党憲法改正案（たたき台素案）は、そのような問題にまったく無関心である。冷戦崩壊後、とくに第三世界の平和と秩序が破壊されるとともに破壊後から生まれた無秩序がテロやゲリラとして大国に波及し、これらの国々をも脅かすようになったことが挙げられる。このため、侵略行為を行なう国家、あるいは内戦からジェノサイド（集団殺戮）を行なう国家に対し、国連の決定・許可のもとに加盟国が軍事措置、すなわち軍事的に秩序の維持・回復を図る必要性が増大した。

いまや国連集団安全保障措置の入り口であるＰＫＯ（国連平和維持活動）まで変質した。その前奏は一九九四年のルワンダ大虐殺であった。この年、国連ＰＫＯが派遣されていたルワンダで停戦合意が崩れた。国連は中立性を重んじるあまり武力行使をしなかった。その結果、百万人もの住民が虐殺された。これを受け国連は従来のＰＫＯの在り方を正反対に変える決断をした。

一九九九年、アナン国連事務総長は研究の末、「住民保護のためならＰＫＯ部隊は武力行使をしてもよい」「国際人道法を順守せよ」との告示を出した。国際人道法とは戦時国際法である。このとき、国連ＰＫＯは正念場を迎えたのである。

まだ記憶に新しい南スーダンの状況は、元国連上級民政官伊勢崎賢治によれば、現地を視察した稲田朋美防衛大臣（当時）の国会報告である「現地の状況は落ち着いている」とはまったく違い、大臣が宿営地の外に出られないほど状況が悪化していた。

さらに伊勢崎は言う。「住民保護」の立場からいまやＰＫＯの部隊は中立ではなく「紛争の当事者」になることを前提に活動している。国連部隊が火ぶたを切っての戦闘もありうるのであり、そうなれば、もはや言い訳のできない戦時の状態になる。したがって憲法で禁じられている武力行使のできない自衛隊ＰＫＯは限界にきているというのだ。その意味するところは、自衛隊はＰＫＯから撤退せよということだ。

加えて、自衛隊が避難民に紛れたテロ、ゲリラに応戦して民間人犠牲者が出た場合、国連と現地政府間で「軍事的過失」をめぐる対立になり得る。国連と現地政府は必ずしもそりが合わない。ところがそもそも日本には「軍人を送還し軍事法廷で裁く」という、国連の現地政府に対する交渉カードがない。よって本来はＰＫＯに部隊を派遣する基本的な資格すらないという。

国連上級民政官の経験のある伊勢崎といえども文民であることに変わりはない。その伊勢崎から「自衛隊はＰＫＯから撤退せよ」と言われては、自衛隊は国際的に立つ瀬がない。

日本は国連ＰＫＯの変質から逃げるのか、応じるのか、正念場を迎えているのである。それはすなわち集団安全保障を留保なく受け入れるかどうかを試されているということである。なぜなら、ＰＫＯはいわば国連集団安全保障の入り口であったのだが、今日では変質して集団安全保障において武力行使を行なう覚悟があるかどうかの試金石になっているからである。

集団安全保障の観点から武力行使の覚悟を試されて自衛隊は逃げるわけにはいかない。この点、現場の状況判断能力において部下と共に訓練してきた自衛隊指揮官を日本国民は信頼してもらいたい。

そもそも、日本は本来何の留保もなく国連に加盟したはずなのに、国連憲章の「平和に対する脅威の防止及び除去と侵略行為その他の平和の破壊の鎮圧とのため有効な集団的措置をとる」という義務に対し、今のように憲法の制約といって国内法を優先する根拠は何なのか。国連加盟時、日本国憲法九条と同九八条の間でつじつまが合わないことに誰も気づかなかったことは先に述べた。

その際、憲法九条を引用することなく軍事協力の義務は留保したつもりでいたらしい（「そんなもの留保になるはずもない」という播磨益男元参院法制局第三部長の後藤田正晴元官房長官への言が残っている）。（冨澤暉『憲法改正の「必要性」と「可能性」（上）』フォーサイト）

もう一つは、内閣法制局の誤解または妄信にある。誤解とは国連軍等に参加し、武力行使をすることを「すべて集団的自衛権にかかわる問題だ」としていることである。妄信とは「武力行使というものは、すべて我が国防衛のため」としていることである（冨澤暉『軍事のリアル』）。集団的自衛権にかかわる問題といおうが、我が国防衛のためといおうが、いずれも国権の問題である。しかし、集団安全保障措置は国権ではなく、国連の権限に基づく。

では、集団安全保障や多国籍軍などの変質に応じて、国連の権限に基づく武力行使は国権の発動ではないので合憲と「解釈変更」すべきなのであろうか、それとも九条はすべての武力行使を禁じているとする立場から、「憲法改正」すべきなのであろうか。

私は「憲法改正」して集団安全保障の武力行使を合憲と明確にすべきであると思う。「解釈変更」も同様の結論が出るはずであるが、集団的自衛権の法制化の折の「存立危機事態」における「限定的な集団的自衛権」のような難しすぎる着地点へ飛ぶ恐れがあり、採用すべきでない。

結論として、このような集団安全保障を取り巻く環境の変化とその日本への挑戦に応じ、集団安全保障へ留保をつけないで参加すること、および国際秩序維持のため実力組織を保持し必要に応じ行使すること、ならびに軍事法廷を保持することをもう一つの憲法改正論として提起したい。この際、三島が言うような二分論はもはや必要ない。すでに自衛隊は一九九二年以来、三〇年近くにわたってＰＫＯなどに従事している。憲法解釈によって武力行使ができないだけである。

三点ほど補足する。日本ではPKOが集団安全保障のすべてのように見られているが、そうではない。たとえば、いまだ続く北朝鮮への制裁も集団安全保障の例である。日本が加わる経済制裁の圧力は大きい。その圧力の後ろに控える米軍の周辺展開に北朝鮮は震え上がった。この軍事力は必要ならば鞘《さや》を払うからである。この種の軍事的圧力の一環を日本が担えば、集団安全保障の軍事的措置への参加となる。

PKOを続けるなら、今や国連部隊が火ぶたを切っての戦闘もありうることを踏まえ、初めから「命を的」の覚悟が必要になる。集団安全保障に本格的に踏み切るからには、軍人本来の使命に殉ずる死生観を磨かねばならない。

これが三島の言う「もののふの魂」であろう。同時に、国はこれを機にその実力集団の再建を国際標準で再考し、この崇高な使命に報いてほしい。

最後に、国際秩序維持のための実力組織がセルフディフェンスフォース（Self-Defense Force：護身隊、自分の身を守る部隊〔冨澤による訳〕）（『憲法改正の「必要性」と「可能性」（下）』）であってはならない。

セルフディフェンスは辞書では「正当防衛・自己防衛」であり、国や国際秩序を守るという建軍の本義からかけ離れている。

したがって、セルフディフェンスフォース（護身隊）との訳になる自衛隊の呼称をやめ、

「国軍」と呼称してほしい。それが国際社会の信倚と日本国民の信頼の上に建軍されるという建軍の本義に沿うものであるからである。（本節は、拙稿「集団安全保障と自衛隊―もう一つの改憲論」Voice平成三〇年九月号をもとにしている）

おわりに

痛恨の昭和四五年一〇月一八日の三島由紀夫氏の行動を安藤武の『三島由紀夫「日録」』と『三島由紀夫の生涯』で調べてみた。どちらも空白だった。「楯の会」一期生の平山芳信氏にほかの資料も調べてもらったが、やはり空白だった。一七日と一九日は記載がある。一八日の空白を見て私は安心した。この夜に何かが書き込まれていたら、私の記憶は誤りでこの書物自体の信ぴょう性は損なわれる。日録の空白が意味するところは、三島由紀夫氏は青年将校との会合を、同行させた森田必勝氏以外には打ち明けなかったという証明であろう。

三島氏はこの日の昼間、自宅で仕事をしていたものと思われる。翌一九日は午前一〇時半から市ケ谷会館で楯の会・月例会。午後は東条会館にて市ケ谷決起に参加する五人の記念撮影の予定が入っていた。したがってこれらの最終準備に加え、あるいは『天人五衰』などの原稿の執筆にも忙しかったかもしれない。

そんな中で夕方からの青年将校との会合に三島氏はどういう気持ちで臨もうとしていたのであろうか。平山氏は推測だがと断りながらも、三島氏は「何か新たな展開を期待していたのではないか」と述べた。

私はといえば、おそらくその何倍もの期待に胸膨らませていた。しかし、私の力不足から会合で主導性を取ることができなかった。その結果、忙しいスケジュールを割いて会いに来てくれた三島氏と大義を成すための話し合いもできず、彼を彼岸のかなたに追いやってしまった。遺憾の極みである。

今日、ここに半世紀ぶりに、ありのままの出来事と思いを明らかにした。三島由紀夫命・森田必勝命のご冥福をお祈りするとともに、我らかつての青年将校のさらに國に報ゆるの義にご加勢ありたい。

引用文献

『三島由紀夫の世界』（村松剛、新潮文庫、一九九六年）
『三島由紀夫「日録」』（安藤武、未知谷、一九九六年）
『三島由紀夫の生涯』（安藤武、夏目書房、一九九八年）
『文化防衛論』（三島由紀夫、新潮社、一九六九年）
『英霊の声』（三島由紀夫、河出文藝選書、一九六六年）
『若きサムライのために』（三島由紀夫、文春文庫、二〇一七年）
『北一輝論』（村上一郎、三一書房、一九七〇年）
『証言三島由紀夫・福田恆存―たった一度の対決』（持丸博、佐藤松男、文藝春秋、二〇一〇年）
『裁判記録「三島由紀夫事件」』（伊達宗克、講談社、一九七二年）
『三島由紀夫と自衛隊―秘められた友情と信頼』（杉原裕介・剛介、並木書房、一九九七年）
『三島由紀夫・憂悶の祖国防衛賦―市ヶ谷決起への道程と真相』（山本舜勝、日本文芸社、一九八〇年）
『自衛隊「影の部隊」―三島由紀夫を殺した真実の告白』（山本舜勝、講談社、二〇〇一年）
『三島由紀夫　幻の皇居突入計画』（鈴木宏三、彩流社、二〇一六年）
『三島事件もう一人の主役―烈士と呼ばれた森田必勝』（中村彰彦、ワック、二〇一五年）
『三島由紀夫かく語りき』（篠原裕編著、展転社、二〇一七年）
『三島由紀夫と楯の会事件』（保阪正康、筑摩文庫、二〇一八年）
『倅・三島由紀夫』（平岡梓、文藝春秋、一九七二年）
『火群のゆくへ―元楯の会会員たちの軌跡』（田村司監修、鈴木亜繪美著、柏艪舎、二〇〇五年）
『よみがえる三島由紀夫』（保田龍治、ＢＡＮ、二〇〇六～〇七年）
『三島由紀夫―クーデター説を追う』（各務滋、外山俊樹、ＡＥＲＡ、二〇〇三年）
『軍事のリアル』（冨澤暉、新潮新書、二〇一七年）
『憲法改正の「必要性」と「可能性」（上下）』（冨澤暉、フォーサイト、二〇一七年）
『防衛戦略とは何か』（西村繁樹、ＰＨＰ新書、二〇一二年）

参考文献

『三島由紀夫事件の真相』（寺尾克美、三島由紀夫論集―三島由紀夫氏没後四十二年記念　公開講座講演録、三島由紀夫研究会、二〇一二年）
『果しえてない約束』（井上豊夫、コスモの本、二〇〇六年）
『三島由紀夫が生きた時代　楯の会と森田必勝』（村田春樹、青林堂、二〇一五年）
『自決より四十年―今よみがえる三島由紀夫』（松浦芳子、高木書房、二〇一〇年）
『君たちには分からない―楯の会で見た三島由紀夫』（村上建夫、新潮社、二〇一〇年）
『兵士になれなかった三島由紀夫』（杉山隆男、小学館文庫、二〇一〇年）
『三島由紀夫―死と真実』（ヘンリー・スコット・ストークス、徳岡孝夫訳、ダイヤモンド社、一九八五年）

解題にかえて――

もう一人の青年将校

森川啓二（元陸上自衛隊中央地理隊長陸将補）

二人の脇侍

平成三〇（二〇一八）年の暮れ、旧友の西村繁樹氏から「三島由紀夫の決起と青年将校について本を書こうと思っている」という連絡があった。三島事件からほぼ半世紀になるにもかかわらず三島氏と会ったことが今も鮮明に思い出される。

三島氏と西村・森田両氏の姿がはっきりと目に浮かぶ。これはどこかで見た光景だ。そうだ！以前、奈良の薬師寺で観た薬師三尊の姿だ。中央に座する中尊の薬師如来は脇侍として右に日光菩薩、左に月光菩薩を従えていた。

中尊を三島氏とすれば常に三島氏の左側にいた森田氏は日光菩薩、西村氏は右側の月光菩薩か。脇侍の役割は中尊の教化を輔佐することといわれている。

それでは森田・西村両氏を脇侍と見立てればその役割は何だったのだろうか。常に三島氏と共にあり一緒に自決した森田氏は「三島哲学を具現し命より大切なものがある」ことを人々に示すことだったのではないだろうか。そして西村氏の役割は「三島氏の決起の意味を後世に正しく伝える」ことだったのではないだろうか。

師の教えを後世に正しく伝えようとして知られている書に『歎異抄』がある。その書は鎌倉時代中期、日蓮などと並びそれまでの貴族仏教を武士、農民などに広めた親鸞の弟子、唯円《ゆいえん》によるものといわれている。

唯円は親鸞の教えが誤って解釈され始めたことを危惧し、親鸞の滅後二五年（一二八七年頃）までに、師から直接教えられた内容を記したとされている。（五木寛之著『私訳歎異抄』）

政治家でも自衛官でもなく、一国民であった三島氏が、国家、憲法、国軍のあるべき姿を求めて孤軍奮闘した生きざまを、賛否分かれる言動も含め、ありのままに後世に伝えようとする西村氏の書は、令和の『歎異抄』といえるであろう。

客人としてわれわれを遇してくれた

私が三島由紀夫氏に初めて会ったのは昭和四五（一九七〇）年の春だった。

西村氏と共に「自衛隊の守るべき国家とは」「われわれはいかに行動すべきか」という信念を自ら確立するため先達の師を訪ね歩いていた。すでに自衛隊でかなりの賛同者を得てその先導者的立場になりつつあった三島氏に個人的に会えるのは願ってもない機会だった。また三島作品の愛好者であった者として、直接当人に会えることは心踊るものであった。

訪問日は快晴に恵まれ、昼前に三島邸に到着した。屋敷は白い洋館で、素人目に見ても周囲の豪邸の中でも、それは際立っていた。

三島氏本人がわれわれを出迎えてくれた。玄関を入るとすぐに広い吹き抜けのホールがあり、大きなシャンデリアが下がっていた。ホールから二階のバルコニーに続く白い階段の手摺りは柔らかな曲線で装飾が施されており、子供の頃、絵本で見た中世ヨーロッパの宮殿のようだった。われわれはホールが見下ろせる二階のバルコニー風の広間に案内された。

広間の円卓にはすでに料理が並んでいた。先客の森田必勝氏と簡単な挨拶を交わすと、すぐに会食が始まった。三島氏の右前に私が、左前に西村氏が着席した。森田氏は三島氏の左側に座った。

中華料理ということはわかったが、正式な中華懐石は食べたことがないので、われわれは

「どうしたものか」と思案していた。そんな反応は三島氏には織り込み済みだったと見えて、さまざまな酒の飲み方を説明してくれ、グラスに注いだ酒を各人に配ってくれた。料理もほとんどが初めてで名前もよくわからなかったが、簡単な説明と使う器や薬味などを教えてくれた。

仲間で行なう宴席のようにあぐらをかいての差しつ差されつではなかったが、酒好きの私のグラスが空にならなかったことを思えば、三島氏が切らさずに酒を注いでくれていたのだった。

三時間ほどの会食が終わり、玄関まで三島氏が見送ってくれたが、緊張と夢見心地が相まってところどころ記憶が飛んでいた。途中で奥様が挨拶に来られたことや、料理の説明の中で三島氏が「今日は中華料理の職人に来てもらっているのです」という言葉を後になって思い出した。そう、三島氏はわれわれを正式な客人としてもてなしてくれたのだ。

今だからわかる「部下をかわいいと思う中隊長の危ういところ」

三島氏は昭和四五年一〇月一八日の会同で「あなた方に気をつけてほしいのは、中隊長になったときだ。部下がかわいいことを理由に挙げやすい。そこが危ういところだ」と語った。

そのときは部下に任務を命ずるとき、かわいいと思う気持ちが悩む要因になるかもしれないと字面だけの理解で納得していた。

この言葉を聞いてから約二〇年後、私は当時の三島氏とほぼ同じ年齢で指揮官となり、隊員と共に行動することでこの言葉の意味を理解できた。平成七（1995）年一月、阪神・淡路大震災が発生した。当時私は北海道の恵庭で施設群長の職にあった。全国の自衛隊に災害派遣が命ぜられ、北海道でも被災地の救援と復旧支援のための災害派遣部隊が編成された。私は派遣部隊の隊長を命ぜられ同年二月、約四〇〇名の隊員と共に阪神地区に向かった。

担当地域は西宮市・芦屋市であった。被災地自治体との連携は市役所が被災しているため調整もままならず、宿営地も自力で六甲アイランドに設営した。当初、風呂はもちろん、トイレもなかった。トイレだけは数日後、西宮市の協力を得て仮設トイレを確保することができた。一〇名ほどの女子隊員には神戸港で支援活動中の海上自衛隊の艦艇の風呂を借用させた。

支援活動の主体は市と市民の立ち会いの下、倒壊家屋からの貴重品など家財道具の回収と瓦礫の撤去が主であったが、瓦礫の下から被災者のご遺体を収容する場面も多々あった。

通常、部隊の業務は中隊長を通じて行なうため隊員と現場を共にする機会は多くない。派遣活動では、現場で活動を共にし、夜は厳寒の幕舎の中で小さなストーブを囲みながら語らい、寝食を共にすることで実働時の隊員と指揮官のあり方を体得した。

隊員それぞれの行動と個人としての姿に触れることを通して三島氏が語った「隊員をかわい

いと思う」ことの意味を理解できた。

隊員が自分の責務を果たすことで被災者の信頼に具体的に応えることができる。これがひいては国民の負託に応えることにつながる。隊員をかわいいと思うことは親が子を愛《め》でる情愛とはやや異なり、隊員が黙々と任務に邁進していることに対する尊敬と彼らのおかげで自分は命ぜられた任務を達成できるのだという感謝の念に裏打ちされたかわいさである。

それでは三島氏が語った言葉の後半の「……部下がかわいいことを理由に挙げやすい。そこが危ういところだ」とは我々に何を教示したかったのであろうか。

派遣活動も一か月を過ぎたあたりから、隊員のもとに家族や地元協力者などから慰問品が届くようになった。家族から好物の嗜好品などを受け取って喜ぶ隊員たちの姿は父であり、子の姿であり、私は隊員と共に事故もなく整斉と任務を遂行していることに安堵した。

一方で派遣期間が長くなるにつれ「隊員を無事で家族のもとに返さなければ」という想いが次第に強くなっていった。指揮官として命ぜられた任務の達成は至上の責務であるが、預かった父であり子である隊員を元気で家族に返すこともまた指揮官の責務であることにあらためて気づかされた。

平時の訓練では場所・時間・経費などで悩むことはあるが、個々の隊員を無事家族のもとに返すことは自明の責務であり、計画と安全施策が適切であれば達成できることであり悩むことはほとんどない。しかし災害派遣は通常の訓練環境とは異なり不測の事態が起こる。とはいえ、これらもまた指揮官の適切な判断と隊員の規律ある行動でほぼ克服できる。

問題はＰＫＯ（国連平和維持活動）などにおいて指揮官の判断と施策だけではコントロールできない不測の外的諸要因が想定されることである。さらにこれが銃砲弾が飛び交う戦場では不測の事態が常態となろう。このような状況で中隊長にとって「部下がかわいい」と思うことの「危うさ」とはどのようなことであろうか。

任務の環境が過酷であればあるほど部下がかわいいとの思い、また家族に隊員を無事に返したいとの思いがさらに強まっていく。このような事態においても何とか与えられた任務を果たそうとすることもまた指揮官としての責務である。任務を達成することと預かった部下隊員を元気な姿で家族に返すこととの責務の重さに違いはない。しかし自衛隊であるが故に優先順位には違いがある。

事に臨んで優先しなければならないのは部隊に課せられた任務である。部隊が死地に向かうことになろうとも部下がかわいいとの思いから任務を回避しようとする中隊長はいない。しかしながら隊員の生死がかかった極限の状況においては、この二つの責務を果たす判断を巡らすにあたり、一瞬であろうとも遅疑逡巡《ちぎしゅんじゅん》することはあり得る。内容が適切であろうとも遅疑逡巡することで機を失した命令は部隊の敗北と隊員の死を招く。

もとよりそのような事態に至らないように指揮官は日々研鑽に努め、かつ部隊を訓練している。三島氏が「危ういところだ」と言ったのは極限状況において中隊長が命令を下すにあたり「隊員をかわいいと思うことが中隊長を遅疑逡巡させ適切な判断を一瞬なりとも妨げることがある」という意味だったとあらためて理解した。

三島氏がバルコニーから観ていた世界

三島氏と出会った頃、氏はライフワークとされている『豊饒の海』を執筆中であった。三島氏に会う直前にその第二巻『奔馬』を読み終えていた。第三巻は三島氏と会って以降に読んだ。三島氏はわれわれとの会合で自分の作品について語ることはなく、われわれもまた作品について尋ねることはなかった。

『豊饒の海』は夢と転生の物語で、第一巻『春の海』は貴族の世界を舞台にした恋愛、第二巻『奔馬』は右翼的青年の行動、第三巻『暁の寺』は初老の男性とタイ王室の美少女との関わり、第四巻『天人五衰』では少年と老人の対立が描かれている。作品は、二〇歳で死ぬ若者が、次の巻の主人公に輪廻転生していくという流れで構成されている。

第三巻『暁の寺』までは語り部として登場する影の主人公によって、死と転生が美しい世界として描かれている。第三巻まで読み進んだ私は、第四巻『天人五衰』では輪廻転生が完結した華麗な美しい景色を見せてくれるものと期待していた。多くの読者も同じ思いであったろう。

昭和四五年一一月二五日、三島氏が決起した日、第四巻『天人五衰』はまだ刊行されていなかった。翌四六年二月に刊行された第四巻を私は急ぎ買い求めた。そこで目にした世界は思い描いていた景色とはまったく別の景色であった。その最後のページには次のように書かれていた。

これと云つて奇功のない、閑雅な、明るくひらいた御庭である。数珠を繰《く》るような蝉の声がここを領してゐる。
そのほかには何一つ音とてなく、寂寞《じゃくまく》を極めてゐる。この庭には何もない。記憶もなければ何もないところへ、自分は来てしまつたと本多は思つた。
庭は夏の日ざかりの日を浴びてしんとしてゐる。……

「豊饒の海」完。
昭和四十五年十一月二十五日
（三島由紀夫『豊饒の海』第四巻『天人五衰』（新潮社）

私はこの結末がすぐには理解できなかった。

一つは、小説の結末そのものであり、もう一つは「『豊饒の海』完　昭和四十五年十一月二十五日」という一文である。「十一月二十五日」は、まさに三島氏の決起の日である。

そこで私は、三島氏がわれわれに語ったことを思い出しながら、「檄」と『豊饒の海』を読み返した。浮かんできたのは「転生」である。

もとより私の輪廻転生について知識と理解は、百科事典の記述の範囲を超えるものではない。しかしながら、三島氏は「輪廻転生」という難解な概念を小説というかたちでわれわれに示してくれた。第四巻『天人五衰』の最後は、夏の陽射しにあふれているにもかかわらず寂寥感漂う荒涼とした景色が描かれている。この景色を虚無と捉える評論もあるが、私はまったく違うと思っている。第三巻まで転生は死から始まることを三島氏は見せてくれた。したがって『豊饒の海』最終巻は輪廻転生の完結ではなく、輪廻転生の始まりを著したものだと位置づければ得心がいく。

『豊饒の海』の脱稿日が「昭和四十五年十一月二十五日」とあるのは、決起という自らの行動と作家としての自分を一体化させる決意の表れであったろう。

決意した三島氏がバルコニーに立って観ていた世界はどのようなものであったのか。

三島氏がわれわれに語ったことと檄文から推察することを許していただけるなら、三島氏がそこで観ていた世界は次のようであったろう。

天皇は象徴としてかろうじて日本の中心に位置しているが、時代によって移ろう国民の総意にゆだねられた。また、国家の柱となるべき憲法は国を守る自衛隊を国軍として明記しておらず、自衛隊もまた国軍たる意識を持ちながらも憲法と自衛隊の乖離にいささかの関与もしない立場を変えようとしてこなかった。その姿は三島氏が描くものとはかけ離れていた。

三島氏はこのような姿になっている日本に絶望していたのだろうか。そうではない。檄文で自衛隊員に呼びかけたように「命より大事なものがあることを見せてやる」という言葉は、日本と自衛隊があるべき姿に転生できることを示唆している。さらにわれわれ自衛官に対して、自衛隊が守るべきものとしての「日本の姿」「守るために払う犠牲」「指揮官として隊員を指揮する際の危うさ」などを教えてくれた。

自衛官がこれらを意識することで自衛隊も現状からあるべき姿に転生できると言っていたのである。

『豊饒の海』の脱稿日が決起の日と同じであることは多くの論議を呼び、作家・文芸評論家諸氏、文学研究者、左翼・右翼系団体などから多くの評論がなされている。諸説はともかく、両者が同一日であることは三島氏の意思が働いていることは明らかである。

三島氏はバルコニーから今の日本が転生した「天皇を中心とした文化と伝統の国、日本」を観ていたのだ。転生は三島氏が『豊饒の海』で示したように「死」をもって始まる。三島氏は「あるべき日本の転生の始まりとしての死」を自らの自決としてわれわれに示しているのである。

西村繁樹（にしむら・しげき）
1947年大阪府生まれ。防衛大学校本科第13期（電気工学専攻）卒業後、陸上自衛隊入隊（野戦特科）、第１特科連隊、陸上自衛隊調査学校、防衛庁内局、ランド研究所客員研究員、ハーバード大学国際問題研究所客員研究員、陸上幕僚監部防衛部防衛課防衛班、陸上自衛隊幹部学校戦略教官室教官、同副室長を務めて、平成13年（2001）自衛官（１等陸佐）から文官に転官、その後、防衛大学校において戦略教育室教授を務め、2012年３月定年退官。現在、公益財団法人「偕行社」参与。著書に『SDI 戦略防衛構想—"スターウォーズ"とは何か』（教育社）、『日米同盟と日本の戦略—アメリカを見誤ってはならない』（PHP研究所 共著）、『「戦略」の強化書』（芙蓉書房出版 編著）、『防衛戦略とは何か』（PHP研究所）。写真は令和元年5月31日叙勲を受けた瑞宝小綬章（向かって左端）を佩用し、自衛官時代の礼装を着用した筆者。

三島由紀夫と最後に会った青年将校

2019年（令和元年）10月10日　印刷
2019年（令和元年）10月25日　発行

著　者　西村繁樹
発行者　奈須田若仁
発行所　並木書房
〒170-0002東京都豊島区巣鴨2-4-2-501
電話(03)6903-4366　fax(03)6903-4368
http://www.namiki-shobo.co.jp
印刷製本　モリモト印刷
ISBN978-4-89063-391-3